AF193406

ACCESO GRATIS a la Lectura en la Nube

Para visualizar el libro electrónico en la nube de lectura envíe junto a su nombre y apellidos una fotografía del código de barras situado en la contraportada del libro y otra del ticket de compra a la dirección:

ebooktirant@tirant.com

En un máximo de 72 horas laborales le enviaremos el código de acceso con sus instrucciones.

La educación social entre fronteras

Una historia de vida para la resiliencia

José Manuel Vega Díaz

La educación social entre fronteras
Una historia de vida para la resiliencia

tirant humanidades
Valencia, 2026

© TIRANT HUMANIDADES
EDITA: TIRANT HUMANIDADES
C/ Artes Gráficas, 14 - 46010 - Valencia
TELFS.: 96/361 00 48 - 50
FAX: 96/369 41 51
Email:tlb@tirant.com
www.tirant.com
Librería virtual: www.tirant.es
ISBN: 978-84-1081-570-4
MAQUETA: Tirant lo Blanch
Deposito legal: V-5174-2025

Si tiene alguna queja o sugerencia, envíenos un mail a: atencioncliente@tirant.com. En caso de no ser atendida su sugerencia, por favor, lea en *www.tirant.net/index.php/empresa/ politicas-de-empresa* nuestro Procedimiento de quejas.

Responsabilidad Social Corporativa: *http://www.tirant.net/Docs/RSCTirant.pdf*

Índice

Mamá, que estoy bien,
no te preocupes,
que por fin mi suerte ha cambiado.

Resiliencia y (R)Existencia: la humanidad entre fronteras

Cristóbal Ruiz Román
Universidad de Málaga

La historia que estás a punto de leer es un testimonio vivo de esperanza, resiliencia y lucha por la humanidad. Es la historia de uno de esos miles de niños y niñas que, a pesar de su juventud, tienen que enfrentar desafíos que muchas personas adultas no podríamos ni imaginar. Es la historia de uno de esos chavales que, con un firme propósito de resistir y (r)existir, trata de dejar atrás la pobreza, afrontando un camino cargado de muros y fronteras. La historia de Abdel es un relato de resiliencia y de (r)existencia, que cuestiona las fronteras políticas, sociales, económicas y educativas que muchas personas se encuentran en la vida. Fronteras que deshumanizan y que niegan la posibilidad de Ser.

Este libro, que emerge de un Proyecto de Investigación financiado por la Agencia Estatal de Investigación[1], y de la tesis doctoral de José Manuel Vega, no es un informe frío, aséptico, cargado de tecnicismos o abstracciones. El análisis biográfico de la vida de Abdel es un trabajo de investigación encarnado en la realidad y comprometido con la lucha contra la deshumanización. Un trabajo de análisis documental en el que el investigador ha elaborado un relato de vida digno de ser conocido y reconocido. El protagonista se presenta con una honestidad conmovedora, sin edulcorar la dureza de su viaje ni idealizar el lugar al que llegó. Narra los días de miedo, hambre y frío, las veces que quiso rendirse, los rechazos sufridos, pero también los gestos de humanidad que vivió con quienes le acompañaron. Es un relato que recoge el valor de quienes viven la *humanidad entre fronteras*.

---

1.   PID2020- 115426RB-I00

La historia de Abdel es el reflejo de muchas otras trayectorias de la infancia migrante que resisten los efectos de la desigualdad global y la violencia estructural. La infancia migrante no acompañada se encuentra en la intersección de múltiples condiciones donde la vida humana es agredida: las violencias, el desarraigo, la soledad, la pobreza, la exclusión institucional, el racismo... Pero también, en las vidas de estos niños y niñas encontramos lo mejor de la condición humana: una fuerza desconcertante, una generosidad admirable, una valentía sublime, una perseverancia portentosa, una intuición deslumbrante para sobrevivir y reconstruirse. Y en esa tensión, entre la opresión de las condiciones violentas de la migración y las fuerzas de la persona en lucha por la (r)existencia personal, se construye este texto como un relato de la humanización.

Pero la resistencia y la resiliencia en la historia de estos chicos y chicas no es solo una lucha personal, también es una respuesta social, un fenómeno colectivo. La resistencia y la resiliencia en esta historia no se gesta solo en la persona, sino también entre las personas que le apoyan y en los vínculos que se tejen entre ellas. La resiliencia en esta historia no solo brota en el chico que sufre la adversidad, sino también de todas esas personas que apoyan, sostienen, alientan, educan, resisten, denuncian, protegen y cuidan, para hacer frente común ante los efectos de la desigualdad.

En efecto, en muchas de las historias de estos niños y niñas migrantes encontramos un frente común de personas que oponen resistencia a la deshumanización. Redes conformadas por la ciudadanía, por profesionales y por los propios chicos y chicas empeñadas en defender los derechos humanos. Porque si algo enseña la vida de estos niños y niñas, es que la lucha por los derechos humanos se tiene que librar tanto en los Parlamentos, Ministerios o Consejerías, como en la calle, en los centros de acogida, en los barrios o en las aulas. Nada de esto es fácil, porque acompañar para subvertir las desigualdades que sufren estos chicos y estas chicas entraña implicarse, asumir contradicciones, persistir y sostener procesos largos, a veces frustrantes. Exige romper con lógicas asistencialistas, con prejuicios racistas, con burocracias paralizantes. Sin embargo, como demuestra esta biografía, cuando el acompañamiento socioeducativo se hace desde el reconocimiento a la dignidad humana, desde la escucha y desde el compromiso político, el acompañamiento socioeducativo no solo transforma vidas, sino que también va transformando los contextos. Surgen comunidades, profesionales y entidades resilientes que se organizan, que exigen políticas públicas, que rompen con los discursos del odio, que crean espacios de convivencia y ayuda mutua. Entidades que ofrecen apoyo, espacios de ocio, asesoría jurídica; empresas que trabajan en la inclusión social; vecinas y vecinos que acogen, que mentorizan, que apoyan y que con pequeños actos de solidaridad se convierten en una palanca de resistencia ante la deshumanización. Apoyos sociales y educativos, personas y comunidades, que reconocen a chicos y chicas como Abdel, no como objetos de tutela, sino como sujetos de derechos. Profesionales que no los consideran como un "usuario" (que ha de consumir), una "plaza" (que han de guardar) o un "menor" (que han de vigilar), sino profesionales y comunidades que son capaces de trazar y compartir un proyecto que plante cara a la deshumanización.

El testimonio de Abdel no pretende ser ejemplar. No es una historia "inspiradora" en el sentido simplista que romantiza el sufrimiento. Es una historia verdadera, de lucha personal y compartida, con sus luces y sus sombras... Y precisamente por eso, conmueve. Porque nos habla desde lo real. Nos recuerda que todos los niños y las niñas tienen derecho a una vida digna, a un hogar, a una educación, a una infancia. Que ningún niño, ni ninguna niña, debería tener que atravesar desiertos, cruzar mares, o recorrer en soledad despacho tras despacho tras los dictámenes de informes clasificatorios para tener garantizadas las necesidades básicas de todo ser humano. Nos recuerda, que todos y todas estamos llamados a ser corresponsables ante los procesos de deshumanización y despersonalización.

Abdel sigue construyendo día a día su camino. Hoy es trabajador, amigo, marido, vecino. Es educador social. Y cuando se sienta frente a un niño recién llegado, perdido como él lo estuvo, sabe qué decirle. Sabe cómo mirar sin juzgar, cómo tejer ese primer hilo de confianza, cómo planificar y trazar con otros agentes un camino para la inclusión social. Este libro es su legado, y también un gesto de generosidad. Compartir la propia historia es un acto de valentía. Es poner la herida y la experiencia vivida al servicio de la esperanza. Que su lectura nos haga personas más conscientes, más justas, más humanas. Que nos pare a reflexionar y nos empuje a actuar.

Málaga, junio de 2025

Capítulo I
Marrakech

CAPÍTULO I. Marrakech

Marrakech... lo primero que me viene a la cabeza es caos, mucho caos. Segundo... es una ciudad donde en el mismo muro que divide la ciudad te puedes encontrar a un lado la pobreza extrema y al otro lado la riqueza extrema. Una persona muy, muy pobre que no tiene para comer y al otro lado justo a un metro, una persona que tiene muchísimo dinero. Incluso por la medina antigua donde la gente pobre se machaca todos los días para poder trabajar, la pared es el palacio del rey, que dentro al otro lado de esa pared es la casa del rey.

La gente, se ha acostumbrado a vivir machacada. Cuando tú vives en un país durante muchos años, donde tus derechos no son tenidos en cuenta a ningún nivel, al final te acabas acostumbrando; y a tus hijos, las generaciones siguientes, las acabas acostumbrando a eso. Tú vas a vivir toda tu vida en pobreza extrema... siempre viendo esa pared, ese muro que existe que es real que no es algo ficticio. Que es una pared de verdad, que al otro lado de esa pared es el palacio de la persona más rica de Marruecos y que a ti te da exactamente igual estar apoyado pidiendo dinero. Eso significa que la gente se ha acostumbrado a vivir machacado sin hacer ninguna denuncia, sin manifestarse, sin... se ha acostumbrado. Parece ser que lo normal es vivir así. Marrakech es eso. Te puedes encontrar esa pobreza y andar dos o tres metros y encontrarte la riqueza máxima. Gente con muchísimo dinero, con mucho poder, una ciudad con niños que pueden tener de todo y, en la misma ciudad, niños que no tienen ni para ir al colegio.

En un barrio cualquiera

Mi vida allí era normal. Era un niño de una familia de un nivel medio. Tenía para comer, para ropa, tenía para vivir. Había necesidades, pero no pasábamos hambre. Mi vida era, bueno... había que esforzarse todos los días, sobre todo mi padre porque es el único que trabajaba, porque mi madre ya tenía suficiente con dedicarse a mis cuatro hermanas y a mí. Entonces ese era su trabajo, y el único dinero que entraba era de mi padre. Mi vida allí, pues era de un chico normal que tenía de todo.

Un día normal allí ... me levantaba por la mañana muy temprano porque mi padre era una de las cosas que él hacía. Él se levantaba muy temprano y como yo era el único niño de mi familia, todas eran chicas. Es como que tenía la necesidad de que yo desayunara con él. Entonces si él se levantaba a las seis yo me levantaba a las seis. Si él se levantaba a las cinco, yo me tenía que levantar a las cinco. Me levantaba con mi padre a la hora que fuera. Desayunaba con él, luego despertaba a mis dos hermanas que eran más mayores e iban al colegio, ayudaba a mi madre a lo que es montar el desayuno y demás; desayunaba con mi madre otra vez y mis dos hermanas y me iba al colegio. Allí tenía colegio mañana y tarde. Me iba al colegio por la mañana, a las ocho. Dependiendo del horario que tuviera, recuerdo que muchos años me ha tocado entrar a las ocho, salir a las doce; volver a casa, comer, y a las cuatro volver al colegio hasta las seis de la tarde. El colegio estaba a unos veinticinco o media hora andando. Es decir, había que salir como mucho, si entraba a las ocho, a las siete, siete y cuarto.

Camino de la escuela

Iba con mi hermana andando al colegio y volvíamos andando, y por la tarde igual. Un año mi padre, como una de mis hermanas cambió de colegio porque era mayor que nosotros y se fue al instituto, nos compró una bicicleta y durante toda la etapa de primaria íbamos en bicicleta mi hermana y yo, en la misma bicicleta...

Montábamos allí e íbamos al colegio. Recuerdo ir al colegio con mi hermana y mi día era así. Levantarse por la mañana, despertar, desayunar con mi padre, ayudar a mi madre, desayunar con mi hermana e irnos al colegio. Por la tarde al llegar, me ponía con las tareas, porque eso era algo obligatorio en mi casa, las tareas del colegio. Luego salía un par de horas a jugar y al día siguiente igual.

La escuela no jugaba un papel importante. Era como tener a los jóvenes ocupados de mañana y tarde. Tú no puede dedicarles realmente atención a unos jóvenes cuando tienes 40 o 45 en la misma clase. Estábamos 45 niños en la misma clase. Eso por número, al profesor, no le daba tiempo a dar una educación de calidad. Era imposible. Porque luego cada uno éramos de una zona diferente. Cada uno tenía un nivel intelectual diferente. Allí no se valora el trabajar de una manera individualizada, sino que era como hace muchos años, se daba la misma clase para todo el mundo al mismo tiempo. El que la entienda bien y el que no, se queda a la cola. Y al final mucha gente se iba quedando a la cola. La escuela la recuerdo como un sitio donde tener almacenado a un montón de jóvenes y básicamente tenerlos ocupados. Un turno de mañana y un turno de tarde. No jugaba un papel importante en nuestras vidas. Tampoco la escuela hacía mucho por cambiar la vida de esos niños.

Estábamos allí y el que aprobaba bien y el que no se iba fuera. Además, si suspendías dos cursos te expulsaban. Tenías que salir. No podías suspender dos cursos seguidos, al tercero ya te tenías que ir fuera. El sistema educativo era tan rígido y tan duro que por obligación solo filtraban a los mejores y a veces pues hay otra gente que necesita tiempo, otro profesor, otro sistema educativo o tienen otras capacidades... Pero allí no. Allí la educación que hay es para todos y el sistema que hay deja mucha gente fuera. Sólo avanzaban los mejores, y a veces en una clase de 45 niños, había dos buenos.

Era consciente de esto y me generaba agobio, frustración y muchos años de decir «pufff...» ¿para qué vengo aquí? Si esto no merece la pena. Encima en mi casa, yo lo vivía porque mi hermana era muy buena estudiante en todo y me llevaba un curso. Yo llegaba a una clase y mi hermana había pasado por esa clase y era la mejor de la clase y yo necesitaba más tiempo, entonces... Lo sacaba, pero me generaba mucho estrés y mucho agobio. También que me comparaban con ella y yo tenía que hacer un esfuerzo para poder al menos llegar a ese nivel que para mí era sobrenatural, no era mi naturaleza. No llegaba, pero al menos poder aprobar o sacar unas buenas notas porque detrás de mí venía otra hermana y eso me generaba más agobio. Entonces, casi que tenías que dejar una buena imagen del apellido, pues ahí el apellido es todo, es decir, tú eres mal estudiante, mi hermana que viene detrás puede ser la mejor, pero ya la referencia que tienen es la mía y no... ya la iban a etiquetar y a lo mejor podían decir: «Mira, ésta es la hermana de éste que ni estudiaba». Entonces, tenía el agobio y el estrés de tener que llegar al nivel de mi hermana mayor para no dejarle una mala imagen a mi hermana que venía detrás.

Los estudios estaban muy presentes en mi casa porque mi padre es delineante, en una empresa pública, que eso allí no gana mucho. Pero mi padre migró con dieciocho años a Francia. Mi padre fue inmigrante con dieciocho años y estuvo tres años en Francia estudiando y, volvió luego a Marruecos porque por la situación en Francia no era favorable y tuvo que volver. Entonces, mi padre al vivir un tiempo en Europa es una persona que ha estudiado y nos ha inculcado mucho eso. A él le daba igual que tu fueras malo en la casa, malo en la calle, pero tú tenías que sacar buenas notas, tú tenías que ser el mejor, sobre todo en matemáticas. Le daba mucha importancia... no sé por qué, tú podías sacar un cero en otra, pero en matemáticas tú tenías que ser el mejor. A mi padre sobre todo le debo que en mi casa los estudios estuvieran presentes porque nos apoyaba mucho, se esforzaba mucho porque nosotros estudiáramos, de ahí que trabajara mucho. Trabajaba mucho para poder conseguirnos los libros, la academia.... Recuerdo que mi padre salía a las siete de la mañana y llegaba a la una o las dos de la mañana. Esto le abrió un poquito, le dio perspectiva, y luego el ver a mi madre que es una persona que no sabe leer, ni escribir, no sabe ni firmar... para firmar, hace una estrella. Ella nos decía que no quería que ninguna de sus hijas tuviera que depender de un hombre, que tenían que estudiar.

Mi madre, aunque durante muchos años era ama de casa pero también trabajaba fuera: limpiaba las casas de la gente, hacia ropa, la arreglaba... Ella no quería que ninguna de sus niñas, como el varón lo tiene más fácil, dependieran de un hombre. Y a día de hoy puede decirlo, ninguna de mis hermanas depende de un hombre y en parte gracias a mi madre. Porque mi padre nos inculcó la cultura de que hay que estudiar, pero ostras, mi madre, que es una persona que no ha estudiado en su vida como le da por esa reflexión.

Un día me empezó a entrar la inquietud de salir de mi casa. Era el único niño de mi familia y mi madre me tenía muy protegido. Prácticamente no podía hacer nada porque la cultura que hay allí con el varón es de tener cuidado que no le pase nada. Pues nos juntamos unos amigos, nos fuimos de excursión nosotros a una montaña, sin avisar a nadie... Nos fuimos a las seis de la mañana y volvimos a las diez de la noche. Al llegar encontramos a nuestros padres que habían llamado a la policía, la policía nos estaba buscando junto con todo el barrio. Y entonces recuerdo que mi madre me empezó a pegar, a pegar fuerte, que la única manera de que dejara de pegar, fue desmayarme, me desmayé de mentira para que dejara de pegarme.

Durante muchos años no me dejaron hacer nada. Estaba como muy protegido y yo eso lo llevaba mal, porque los otros niños del barrio te miraban como mal. Era el niño de mamá o de papá, que estaba muy protegido. No podía hacer nada por ser el único varón. En toda la familia fui el único niño durante muchos años, todo eran niñas. Durante muchos años yo he sido el único nieto. Era como algo que había que proteger y... hasta que mi madre se dio cuenta de eso. Ella es una mujer que nunca ha ido al colegio en su vida, no sé cómo ella en su cabeza, iban pasando esas cosas. Un día me dice:

—Ve a ver a tu abuela – que mi abuela estaba en otra ciudad. Me dio el dinero y me dijo que me fuera solo con 12 años –. Si, tienes que irte ya, porque creo que te estoy protegiendo demasiado y eso no es bueno para ti.

Y me fui solo. Desde ese día mi madre me mandaba de viaje solo.

En ese momento no lo entendía. En ese momento lo llevaba mal, como diciendo: «A ver si me está haciendo algo malo». Mi cabeza de niño. Pero resulta que no, que ella lo hizo por mi bien. Pero yo no lo entendí en ese momento.

Crecer en una familia vulnerable

De mi vida en Marrakech recuerdo sobre todo el entorno familiar. Allí vivíamos cerca de mi abuela. Casi todos los días estaba en su casa con mis tíos que son más mayores que yo. Me juntaba mucho con ellos. Mis cinco tíos son unas personas muy religiosas, musulmanes muy religiosos y recuerdo cómo me inculcaban los valores del islam, los valores de la paz. Me iba con ellos a la mezquita desde chico, me juntaba con ellos. Nunca me han dejado solo. Siempre me han arropado porque mi padre, pues... le gustaba beber.

Y mis tíos no querían que yo me decidiera por ese camino. Entonces, al ser el único nieto de la familia durante muchos años, siempre me han tenido arropado entre cosas buenas. Incluso mi abuela vivía en un barrio de mucha droga, de mucha prostitución, pero ellos nunca se han dedicado a eso y aunque yo iba con ellos siempre me han tenido arropado. Me juntaba con ellos y me iba a todos lados. Es una de las cosas que más echo de menos. El no tener que ser yo el referente como me pasa a día de hoy y tener un referente a quien seguir. Tener esa tranquilidad de decir, tengo a mis tíos y yo hago lo que ellos hacen o hago lo que ellos me dicen. Tener esa tranquilidad.

Y por supuesto, echo de menos a mi padre. Aunque con él he tenido y tenemos una relación... de muchos altibajos, pero cuando estaba bien... La época de estar bien con mi padre, pues era mi amigo. Hablábamos de todo. Es una de las cosas que echo de menos Yo me iba con mi padre a tomarme algo como el que va con un amigo y hablábamos de todo. De estudios, de sexo, de todo. No tenía apuro para hablar con mi padre de nada. Es una de las cosas que echo de menos. Incluso, hoy en día, tengo apuro para hablar con mis amigos de ciertas cosas, pero con mi padre siempre he tenido esa tranquilidad. Echo de menos eso. O también cuando voy de vacaciones, echo muchas horas charlando con mi madre de cosas sin sentido. Incluso cuando estaba allí, charlábamos todo el día... Eso es otra cosa que echo de menos. Y echo de menos también de allí cuando te pones malo, yo me acuerdo de chico, que me ponía malo y mi madre estaba todo el día encima mío. Es verdad que, a día de hoy, tengo a mi mujer y me ayuda mucho y demás...pero siempre te viene ese recuerdo.

Luego recuerdo también aventurillas con mi hermana. Mi hermana era una niña que le gustaba estudiar mucho, lo que pasa que necesitaba un refuerzo en matemáticas y mi padre le pagó, con mucho esfuerzo y mucho trabajo, una academia por las noches. Yo iba en bicicleta a recogerla a las 10 de la noche y siempre veníamos los dos por la noche en la bicicleta. Montados en la barra, yo conduciendo y ella pedaleando. Esa son las cosas que luego te acuerdas y dices «ostras». Así recuerdo mi ciudad.

Y todo eso, estoy hablando con diez, once, doce, catorce años... Con quince es cuando dejé ya el colegio. Justo ahí, por entonces, cuando yo tenía doce años o por ahí. Empiezan los problemas en mi casa. Porque a raíz de un problema de un tío mío, mi padre decide vender todo lo que teníamos para poder resolver el problema de mi tío. Y ahí empiezan los problemas. Ahí empieza la escasez en mi casa. Realmente escasez de necesidades. De decir, no tener donde vivir. Durante mucho tiempo hemos vivido en una casa sin luz, ni agua. Y ahí empiezan los problemas. En esa época yo no era consciente. Eso eran problemas de mi padre. Pero iban pasando los años y veía como mi padre no resolvía esos problemas. No porque él no quisiera, sino porque no llegaba. Cuando se dio cuenta de que realmente se metió en muchos problemas, ya era tarde; y culturalmente, al ser el varón de la familia, el único hijo de la familia, culturalmente, te obligan o sentí la necesidad de tener que ayudar. Entonces, con doce años, no era muy consciente, pero pensaba: «Bueno, tengo que ayudar ¿no?». Ayudo a mi madre en casa, si hay que hacer algo y a mi padre en el trabajo. Si yo tengo que recoger, si tengo que hacer cosas, lo hago con mi hermana. Tengo que llevarla, la traigo, hago de comer. Cuando mi madre tenía que salir a trabajar me tocaba quedarme con mi hermana, hacíamos de comer y cuidábamos de una hermana mía que era más pequeña, hacíamos de canguro. Pero con trece o catorce años ya ves que hace falta dinero, que hace falta trabajar y que eso que haces ya no es suficiente. Hace falta dinero, hace falta trabajar, hace falta aportar. Y ahí empieza en mi cabeza a coger forma la idea de salir. Ya no hablo de salir fuera del país sino, salir fuera de la ciudad o incluso salir fuera de mi casa a buscar trabajo.

Además, yo como mi niñez la viví entre mis tíos que eran personalidades muy diferentes. Por parte de mi madre eran personas muy religiosas, trabajadoras, gente de paz. Pero por parte de mi padre, era gente que bebía, que fumaba, se tomaba drogas, gente en la parte negativa del mundo. Y yo me juntaba con las dos partes. Veía las dos partes.

Y un día con mis tíos, que son familia mía, me ofrecieron fumar drogas. Me dije: «¿esto está pasando?», que un familiar tuyo te empuje a hacer algo malo, «¿por qué?», pues resulta que eso me lo hicieron. Como mi padre ayudó a mi tío a emigrar, ellos sabían que mi padre podía ayudar a otro tío mío a emigrar, entonces, lo hicieron queriendo. Querían meterme a mí en el mundo de las drogas para que yo no fuera la opción.

Son cosas que cuando las pasas con catorce o quince años te enfadas mucho. Porque realmente en ese momento yo no tenía ni idea que intentaban que me metiera en el mundo ese negativo para que no se me ocurriera emigrar. Es cierto, que les pregunté: «oye ¿esto cómo es?». Pero no fue hasta más tarde que me enteré que lo hicieron para que mi padre ayudara a otro tío mío en Marruecos. Porque mi tío de España los avisó que yo estaba valorando migrar.

– Oye mira, que la cosa está entre éste y éste, hay que eliminar uno – les dijo.

Sin embargo, supe sostenerme por mis otros tíos. Que ellos aun viviendo en un barrio que eso estaba al alcance de la mano, nunca habían tomado y nunca me empujaron, de hecho, cada vez que me veían con alguien así me protegían y me llevaban con ellos. Es decir, yo eso lo tenía muy claro porque me llegaba más el mensaje, ese mensaje de: «oye, no te metas en esto».

Yo me sentía querido, me sentía protegido, me sentía que tenía un referente positivo, tenía alguien que yo podía seguir con los ojos cerrados, que no me iba a fallar. Porque yo en esa época tenía mucho miedo. Mi padre era alcohólico. Mi madre no sabía leer ni escribir... ¿A quién sigo? No tenía nadie a quien seguir. Tenía a mis tíos. Una parte de mis tíos me tiraban por la parte buena y otros por la parte mala. Y aunque lo normal hubiera sido que un chiquillo de 15 años tirara por lo otro, yo lo tenía claro. Me decía a mí mismo: «esto no lo quiero en mi vida. Tengo que ayudar a mi hermana a proteger a mi madre ante todo esto». Y eso lo tenía clarísimo desde chico.

Y mucho de esto, es gracias a la fe... incluso allí, en Marruecos, cuando no tienes nada, lo único que tienes es la fe y la religión. Yo he vivido en una familia muy religiosa y a mí me han inculcado los valores del Islam como una religión de paz, que respeta a todas las religiones y a todas las personas independientemente de donde hayas nacido, como seas, ni de dónde vengas. Entonces, cuando yo tenía un momento malo, me iba con mis tíos a la mezquita. Yo podía tener muchos problemas en casa, en el colegio, pero llegaba a lo mejor con mi tío y me empezaba a hablar de religión, de lo que dice el Corán, de Alá, de Dios y a mí no se me olvidaba. La fe ha jugado un papel muy importante en mi vida en la época de los doce, trece o catorce años para no decidirme por el camino erróneo, un camino que tenía a mano, por el camino de la droga, camino de meterme en otra vida que no es la que tengo hoy y digamos en parte, eso se lo debo a que me refugié un poco en la religión.

En cambio, a nivel de profesores o amigos en aquella época no recuerdo ninguna persona que fuera significativa, Éramos un grupo... En esos años, empezó el boom este, la moda esta, de emigrar. Hemos emigrado casi todos de esa generación. He intentado localizar a alguno y creo que hay alguno que está preso porque ha elegido mal y otros que no sé dónde están. Si es verdad que me acuerdo de uno que estudiaba conmigo, recuerdo que llegó a España en el 2009 y se tuvo que volver porque no encontró a nadie que la ayudara. Y cuando fui de vacaciones a Marruecos me lo encontré y le dije: «tío, me tendrías que haber llamado». No lo he vuelto a ver, pero sé que lo intentó.

Siendo ya consciente del problema en casa y que se mantenía, no dejo el colegio pero empiezo a trabajar. Incluso cuando estaba en el colegio, yo trabajaba en verano con mi tío. Mi tío tenía una carpintería metálica y yo trabajaba con él por cincuenta céntimos el día. Que eran cinco dírhams. Que luego me subió a diez dírhams. Que más o menos con eso podíamos comprar un par de barras de pan, un litro de leche y te sobraba algo. Estudiaba y cuando terminaba el colegio me iba a trabajar con mi tío. Trabajaba con mi tío en la carpintería metálica y con otro tío mío vendiendo aceite y azúcar en una tiendecilla que tenía como un top manta. Un rollo así. Vendía y me daba también, no sé si eran al cambio un euro al día o algo así. Entre una cosa y otra me juntaba con un par de euros al día que bueno, con eso ya podía comer. Es verdad que lo más fácil hubiese sido dejar el colegio pero mi padre no quería. Mi padre no quería que yo dejara el colegio.

Incluso, yo trabajaba en verano cuando no había colegio pero si quería trabajar, yo tenía que estudiar y tenía que aprobar. Recuerdo que un año saqué poca nota y lo falsifiqué. Recuerdo que saqué un seis... y un seis a mi padre no le valía. Que un seis estaba bien, pero mi padre no le valía un seis. Le valía un siete para arriba. Y para que no se enfadara, pues lo tuve que cambiar y lo cambié. Mi padre no quería que yo dejara el colegio. Yo no podía dejar el colegio porque él sabía que en el momento que yo dejara el colegio, yo me iba a meter en problemas, porque lo tenía a mano. Tenía a mano meterme en el mundo de las drogas... Lo tenía a mano. Allí eso está al orden del día.

Si tuviera que elegir eliminar algo de mi vida era que mi padre bebiera alcohol, porque muchas, muchas noches, llegaba y había pelea en casa con mi madre y eso te generaba... a mí, por lo menos decir: «puufff...». Ver esto todos los días de tu vida. Traumático. Que no me queda trauma, yo estoy bien, pero yo en esa época casi que normalizaba que mi padre viniera bebido e intentara agredir a mi madre, agredirme o agredir a mi hermana. Es algo que yo no hubiera querido vivir. Y si tuviera que eliminarlo, es una de las cosas que eliminaría.

Sin embargo, estas circunstancias me han aportado mucho porque con esa edad yo decía que yo eso no lo iba a hacer. Eso lo tenía clarísimo. De beber, beber a esos niveles. Tener problemas de alcohol y luego intentar agredir a una persona, a la persona que quieres. Yo eso es una de las cosas que al verlo dije «Eso yo no lo voy a hacer. Ya puede pasar lo que sea, que yo eso no lo voy a hacer y no quiero que mis hermanas pasen eso». Yo, en ese momento, al ser el único niño de familia, sabía que tenía un poco de poder de decisión sobre algunas cosas en mi casa y una de las cosas que yo tenía clarísimo era que ni yo iba a hacer lo que mi padre hacía ni iba a permitir que ninguna de mis hermanas viviese, en su vida personal con el hombre que eligieran, eso. Eso me ha aportado el vivir eso en mi casa.

Hubo unos años que mi madre se iba a casa de su madre y se llevaba a mis hermanas. Mi padre decía que yo me tenía que quedar con él. Entonces, yo me quedaba con él y esas noches que yo estaba allí, a lo mejor venía bebido y me quedaba con él despierto toda la noche y al día siguiente me iba al colegio. Y ha habido años que mi madre se iba, se llevaba a mis hermanas y me quedaba yo con mi padre. Incluso recuerdo una vez que intentó llevarme a mí, fui con ella y me monté en el autobús. Me monté y me salí por la otra puerta del autobús y me volví con mi padre. Yo mismo porque normalicé eso. Normalice que, si había problemas en mi casa, mis hermanas y mi madre se iban, pero yo me tenía que quedar con mi padre a estar con él. A no dejarlo solo. Normalice eso. Que a día de hoy yo decía: «yo me hubiera ido con mi madre porque él había elegido ese camino». Pero en ese momento normalizas cosas que no tienen mucho sentido. Sin embargo, también me sirvió el compartir eso con él, porque hay cosas de mi padre que yo no conocía, que yo no conocía en esos momentos. Mi padre es una persona que no habla de su vida, pero habla de su vida cuando está bebido. Y yo lo hablo mucho con mi mujer. Yo no culpo a mi padre de que bebiera. Ni lo culpo de las cosas que ha hecho porque él también es el mayor de la familia y le responsabilizaron de algo que a lo mejor no tenía que ser responsable y, él me responsabilizo a mí de cosas que yo no tenía que ser responsable.

Entonces, en esa etapa, yo conocí más a mi padre. Y, a día de hoy, hay cosas de mi padre que sigo conociendo, como, ¿por qué se metió en el mundo de la droga? ¿por qué se volvió de Francia? ¿Por qué no volvió otra vez a ir a Francia? Ahora mismo, sé que mi padre ve en mí cosas que a él le hubiera gustado hacer. Nos parecemos mucho. Esas noches de hablar mucho me sirvieron para comprender. Incluso cuando se ponía agresivo, se ponía agresivo con todo el mundo menos conmigo. De hecho, mi madre para poder protegerse me ponía a mí delante. Mi padre podía venia como fuera, que era verme y se tranquilizaba. Y sigue pasando hoy en día. Que parece que yo soy su padre. Yo lo llamo y le digo: «Papá, esto no puede pasar»; y no pasa.

También eso que ha pasado en mi casa con mi padre, mi madre y mis hermanas, me sirvió para ser algo de lo que soy hoy en día, sino a lo mejor no le daría importancia a no meterse en alcohol, drogas y todo eso. No le hubiera dado la importancia que tiene. Y el darle importancia a la familia, se le debo también a mi padre. Aunque mi padre dio importancia a la familia por la parte negativa, pero le dio importancia. Puso por encima a su familia, se gastó nuestro dinero en proteger a su hermano de algo que hizo mal. Yo le valoro mucho eso, es decir, ha puesto por encima de todo, a su hermano, a su madre y su padre que le pidieron eso. Yo eso lo valoro mucho porque yo, quizás, a lo mejor hubiera hecho lo mismo con mi hermana si hubiera estado en esa situación.

Recuerdo, cuando mi situación en casa era precaria porque mi padre se gastó el dinero, que un día al salir del colegio la gente hablaba que en su pueblo había una persona que hacía pasaportes falsos. Y recuerdo que terminamos el colegio, recogimos las notas y nos juntamos los amigos del barrio y ahí dijimos: «oye, ¿por qué no lo intentamos?». Era como si habláramos de una excursión... «¿Por qué no intentamos juntar el dinero o hablar con la familia y vamos allí con un pasaporte todos juntos? Nos vamos allí a Europa, a ver lo que hay», como si de una excursión se tratara.

Se veía como algo que por supuesto yo no tenía que hacer porque supuestamente mi misión era quedarme allí. Estar con mis cuatro hermanas ya que mi padre era alcohólico y tenía que ser la cabeza de familia. Tenía que proteger un poco el apellido. Entonces, eso de salir a Europa no era para mí. Eso salía en la tele y se cambiaba de canal. No se hablaba de eso. No se hablaba de la inmigración.

No se hablaba de inmigración porque es algo en lo que no querían que yo me metiera mucho, que no me metiera en ese mundo porque en parte, bueno, mi madre sabía que a mí, a lo mejor, me llamaba la atención eso. Me conoce. Sabe que soy y he sido una persona que siempre ha querido aspirar a mejorar un poquito más, en todo. Inquietud. Tenía mucha inquietud. Tenía muchas preguntas. Tenía cosas que no eran normales para mi edad en comparación con los otros chavales de allí.

Por ejemplo, yo le daba mucha importancia al colegio. Yo llegaba del colegio y le daba mucha vuelta a algunas cosas que había dicho el profesor. Los nombres europeos y me quedaba mucho con las ciudades. Sabía, por ejemplo, de la religión, al ser yo en esa época muy sensible al tema de la religión, sabía que en España, en Europa estaba el cristianismo, porque mis tíos me hablaban mucho de Jesús. Jesús es misionero corano y yo decía a mi madre:

– ¿Por qué al otro lado del mar creen en otra cosa que no sea Alá y Mahoma?

Todas esas cosas le sorprendían a ella. Y en ese momento intentaba quitarme toda esa parte, todas esas dudas porque sabía que yo, enseguida enganchaba y me llamaba mucho la atención. Y hacia tipo de preguntas y demás como:

– Mamá, al otro lado del mar ¿qué hay?

Y una vez, mi madre para meterme miedo decía:

– Hijo, en Europa el suelo es de cristal, tu allí no puedes ir porque lo puedes romper.

No, no sabía que decir y salía por ahí. Que en parte es así.

Allí no te llegaba las noticias de las muertes, de la gente que muere en el mar. Te llegaban noticias de que deportaban a los menores. Que en algunas regiones deportaban. Entonces, allí sabíamos en qué ciudad deportaban a menores. Sabíamos que Murcia deportaban, en Madrid deportaban, sabíamos que en Andalucía no. Pero allí lo sabíamos porque llegan noticias a través de otras personas que han ido. Porque hubo una época que se iba todo el mundo. Iba muchísima gente. Vivíamos en un barrio, que salió todo el mundo, que quedábamos muy poquitos. Y entonces nos enteramos por eso. Al planteárselo a nuestras familias pues eso se iba de precio. Era muy caro. Mi padre me dijo que no, que él ya gastó el dinero en mi tío y que no tenía más dinero. Pero claro yo le hice un poco de chantaje. Ahí empezó mi vida a dar un giro.

Con catorce o quince años ya empecé a ser un poquito más conflictivo. Ya no quería ir al colegio, me peleaba en el colegio y me echaron del colegio. Fue queriendo. Fue una de las cosas que hice queriendo porque no quería estar. Yo ya tomé la decisión de que no quería estar allí. Se lo dije a mi padre.

– Me ayudas o me voy –. Le puse un poco entre la espada y la pared.

– Me ayudas con un pasaporte falso que me dé una garantía o me voy por mi cuenta y tú sabrás. A tu hermano bien que lo has mandado y le has pagado todo, pero a mí no me quieres ayudar.

Y claro le decía eso que le ponía mucho en compromiso. Y allí no es como aquí. Aquí le decimos a un niño de catorce años no y es no. Pero allí un niño de catorce años se considera un hombre. Yo consideraba que podía decidir. Que me escuchaban. Yo tomaba decisiones en mi casa. Y recuerdo que cuando se lo dije, me respondió que no, que no, que me olvidara. Al año siguiente, me acuerdo que llegué del colegio a las seis y le dije:

– Papá, tienes una semana para ayudarme, si no, me voy.

Porque escuché una conversación entre mi abuela y mi padre. Fue una de las cosas, la verdad, que nunca le conté a nadie. Y mi abuela le insistía mucho que tenía que mandar a otro de mis tíos y yo pensé: «no, si tiene que ir alguien, voy yo». Mi padre conocía algo el mundo este de la gente que hacía pasaportes falsos porque ya habían contactado antes cuando mandó a mi tío anterior, y se lo dije... «Papá...» por eso lo tenía tan claro. Y también por la precariedad que vivíamos en mi casa. No puede ser que mi padre con la necesidad que hay en mi casa tuviera que mandar a otro tío antes que a mí, para poder ayudar a mi casa, que es también su casa. Y se lo dije así.

– Me ayudas o me voy y si me pasa algo, en tu conciencia queda.

Mis motivos eran la situación familiar porque yo no podía seguir viendo como en mi casa no se llegaba a final de mes o que mi madre tuviera que hacer unas cuentas muy raras para poder comprar comida para todo el mundo. Recuerdo que cenábamos té, aceitunas y pan. Todas las noches. Yo no quería eso más y decía: «no puede estar pasando eso». Y veía a mi hermana pequeña con tres años... «Por dios, esta niña. ¿Qué es de ella cuando pasen diez años?». La comida al medio día era una olla que no llegaba para todo el mundo. Yo veía como muchas veces mi madre no comía lo suficiente. Comía, pero no lo suficiente. Seguía pensando: «yo tengo que poner remedio a esto». Y en mi cabeza pasaba eso. Decía: «esto no puede estar pasando más. Y si tengo que salir y morir en el intento por cambiar esto, lo hago; pero quedarme aquí y ver como mi familia poquito a poco se va muriendo, se va apagando. No lo quiero vivir, no quiero estar aquí para verlo». Conocía el riesgo, pero como tenía la idea de venir con pasaporte falso pues decía: «bueno, yo voy bien, no va a haber problemas». Pero sabía el riesgo que había.

Un coche y dos hombres

Le di esa semana a mi padre y justo después de una semana viene y me dice:

– Hay una persona que te puede llevar. Yo le voy a adelantar un dinero que tengo. No es todo el dinero, pero te va a llevar.

Recuerdo, era un martes, porque yo llegué a España un sábado. Sé que era un sábado porque era fin de semana y salía todo el mundo a la calle.

– Mañana hay una persona que te lleva – me comentó mi padre.

– ¿Qué tengo que hacer? – le dije.

– Te vienes conmigo que te van hacer una foto, para hacerte un pasaporte. Y así pasas como hijo de una persona.

– Vale, me voy – pero tenía miedo.

En ese momento me entró miedo. Me entró mucho miedo porque yo pensaba que mi padre me iba a decir que no. Yo pensaba que mi padre me iba a decir «mira, que no, no vas a ir. Haz lo que quieras que no vas a ir». Y, a lo mejor, a última hora me hubiera entrado miedo y tampoco voy. Pero él me dijo que sí.

Entre tanto miedo, y a la vez pensar «ostia, se me presenta la oportunidad» y el orgullo... Yo no podía decir que no. Con quince años, dije: «voy». Tenía muchísimo miedo y en el fondo de mi corazón esperaba que eso saliera mal. A ver si en el camino a mi padre le da por decir que no o esa persona se echa para atrás. Pero eso no pasó.

Mis hermanas no sabían nada. El día que yo iba a salir, esa noche yo me fui a las seis de la tarde a recoger a mi hermana pequeña de la guardería. A la más pequeña la recogí ese día de la guardería. Son cosas que se te quedan grabadas. Mi madre se enteró más tarde. Mi madre se enteró cuando ya tenía todo más o menos cerrado. Es cuando se enteró mi madre.

Recuerdo una situación muy curiosa de esos días. Yo tenía en mi casa unos pájaros: palomas y cosas de esas. Y nunca las había soltado y ese día cuando ya tenía todo cerrado, subí y solté todas las palomas. Me acuerdo perfectamente. Me acuerdo, porque me subí a la terraza de mi casa y me senté a mirarlas como volaban. Suena así metafórico, pero paso de verdad. Fue una cosa real. Entonces, volaron y volaron tan alto que dije: «se me han escapado, se me han escapado». Todas menos una. Una no voló... una se quedó allí, en lo alto de la pared y no se fue. Se quedó allí. Cuando conseguí migrar, luego mi madre me dijo que todas las palomas se habían vuelto menos la que se quedó allí. Se fue y ya no volvió más. Todas las demás habían vuelto menos esa, que se quedó conmigo ese día... curioso.

Llegó el momento de despedirme sin que lo supieran... Estaba saludando a la gente y alguna gente notó que yo me estaba despidiendo de mis amigos. Mi hermana se dio cuenta. No quería decirlo, pero se dio cuenta. Mi madre se enteró ese mismo día. Mi madre se enteró que yo me iba esa noche... por la tarde. Que venían a recogerme y me iba. Me dijo que no me iba y se puso a llorar...

Al llegar la noche me monté en un coche y hay cosas que a uno se le queda grabado en la mente. Me monté en el coche con dos hombres atrás. En la parte de atrás de un coche. Nos fuimos y yo miré para atrás y estaba mi madre en mitad de la carretera con un pañuelo naranja, mirándome hasta que ya no... hasta que desaparecí.

En ese momento, justo cuando yo me monté en ese coche, yo sabía que... que daba igual cómo saliera eso, que yo no iba a volver. Me daba igual si lo del pasaporte iba a salir bien o no. Yo sabía que yo no iba a volver en ese momento.

En el momento en el que yo me monté en el coche, eso ya era real. Cuando yo me monté en el coche y nos marchamos...yo sabía que no volvía. En ese momento, cambió mi manera de ver las cosas. Mi manera de pensar cambió. Es como si una persona madurara de un día para otro, de un momento para otro. Pasé de ser un niño a... Recuerdo perfectamente que dije en mi cabeza: «en cuatro o cinco años mi familia, su situación va a mejorar y yo voy a ser el que va a cambiar su situación». Me puse esa meta y empezó en ese momento, cuando yo me monté en ese coche. En ese momento, marqué el inicio del cambio de mi familia. Esto va a cambiar y va a empezar ahora.

Sin embargo, me restó... me restó mucho. Me restó mucho, tanto que a día de hoy sigo echando de menos. Yo no he vivido mi infancia completa, pero sobre todo no he vivido mi adolescencia. No sé lo que es ser un adolescente. No he vivido esa etapa. He pasado de ser un niño a madurar, sí o sí. Hoy en día, la cabeza se me va y me da por hacer cosas raras de niño con más de treinta años, pero yo creo que es por eso. No viví eso, y eso es lo que me restó y no sé cómo llevaría yo eso el día que yo tenga un hijo, una hija, no sé. No sé cómo saber orientarle en esa etapa, ¿por qué?, porque yo no lo viví. No sé... Eso fue lo que me restó. Hay una parte de mi vida que no la he vivido.

Ellas

Yo he vivido una infancia un poco rara. Pasé de tener de todo, a no tener de nada. Pase de pedirle a mi padre cualquier cosa y que me lo comprara porque había dinero, a no tener de nada. A pedirle esto y no poder por lo que pasó. Era un niño muy caprichoso, era egoísta, muy egoísta. Las cosas eran para mí solo y yo no compartía nada con nadie. Pero cuando surge la necesidad en tu casa, pues no sé por qué, pero empecé a anteponer la comodidad y el bienestar de mis hermanas más pequeñas, a la mía. Ese sentido de sobreprotección puede ser. Pasé una época de ser muy protector con ellas. Porque recuerdo que un día vino una de mis hermanas llorando y dijo que uno le había pegado en el colegio y que no le iba a defender nadie porque su padre era alcohólico. Y yo lo pasé muy mal en ese momento. Entonces cogí un palo y aunque ese chaval era mucho mayor que yo, recuerdo que estuve a punto de meterme en un problema porque fui demasiado agresivo. Que esa no eran las formas, pero empecé a ser muy protector. Empecé a no a darle importancia a cosas materiales.

Empecé a ayudar más. En casa era muy egoísta. No hacía nada. Tenía todavía esa cultura de decir "lo hace todo la mujer". En esa época no sé por qué hubo muchos años que me aprovechaba de esa situación. Era consciente. Jugaba esa carta. Pasé muchos años en esa posición, utilizarla en mi favor, en vez de utilizarla a favor de mis hermanas y de mi madre.

Hubo un momento en que cambia mi vida porque pienso: «si no lo hago yo por ellas, no lo va a hacer nadie». Hay una cosa que me marcó. Recuerdo que nosotros éramos cuatro hermanos. Entonces, cuando aún una de mis hermanas tenía un añito, nacieron las mellizas. Y mi madre no podía con las tres. Nacieron siete mesinas y el médico le dijo a mi madre que posiblemente una de las dos se iba a morir. La que nació un poquito más flojita y tal, se la dio a mi abuela para que la criara. Y ella se quedó con la más fuerte. ¿Qué pasó? Que al año se murió. La que supuestamente era más fuerte. Eso a mí me marcó mucho, porque cuando estaba en la casa muriéndose vino el médico, yo me senté al lado suya, y se puso bien de golpe. Su cara cambió, se puso bien y sentí como que me hablara. Sentí una cosa, una conexión. Yo siempre he tenido una conexión con mis hermanas muy fuerte. Y sentí que yo tenía que hacer algo. Y entonces murió... Tenía un año o por ahí. Se murió y en ese momento mi cabeza da un giro tremendo. Me enfadé con todo el mundo. Me enfadé con mi madre. Me enfadé con mi padre. Me enfadé con mi madre porque dejó a la otra niña a mi abuela, que quizás si la otra hubiera tenido a su hermana al lado a lo mejor hubiera sobrevivido. No sabemos. Me acuerdo que la enterramos y esa misma noche monté un quilombo en la casa tremendo y le dije a mi madre que teníamos que ir a por la otra. Y yo con esa niña, hoy en día, con la más chica tengo una conexión especial. Siempre hablamos. De hecho, es conmigo con quien más habla de sus cosas. No habla ni siquiera con mi hermana, ni con mi madre, habla conmigo porque la recogí. Y siempre la llevaba conmigo hasta que me fui. Eso fue lo que me marcó: la muerte de mi hermana pequeña. Me marcó muchísimo. Yo me preguntaba por qué tenía que pasar todo eso.

Todo esto me llevó a decir: «me toca a mí ya». Y me tocó, me tocó. Porque vi como mi madre decidió darle mi hermana a mi abuela y como mi padre tampoco puso mucha resistencia. ¿Qué hubiera pasado si hubiese sido un niño? ¿Qué hubiera pasado? A lo mejor se hubiera quedado en la casa. Y en ese momento es cuando mi conexión con las mujeres de mi casa ha sido muy especial y muy fuerte. He pasado de ser muy egoísta, a ser muy protector y a no pensar en mí sino en ellas siempre. A día de hoy, sigo ayudándoles y pagando cosas. De hecho, quito cosas de mi familia aquí para poder dárselas a ellas. No sé, cambió esa perspectiva, vi como en Marrakech, en mi barrio, las mujeres eran las últimas, las últimas de la fila y yo no quería que mis hermanas, ni mi madre pasaran por eso. Y en ese momento, cambia mi visión hacia las mujeres. No entiendo cómo pasó, pero cambió.

Cambió y me he llevado muchas broncas allí por eso. Porque si mi hermana tenía que ir a una excursión no podía ir sola, y yo decía voy yo con ella y ya si podía ir. A lo mejor a mí no me apetecía ir, pero yo iba, porque si yo iba, ella también. Que mis hermanas pudieran salir con sus amigas eso era algo malo, pero si yo iba, podían salir. Que a lo mejor luego nos separábamos. Pero yo iba y luego quedábamos a la vuelta. En ese momento, en mí, se despertó esa necesidad de protección hacia las mujeres, pero solo hacia las mujeres. No tenía, por ejemplo, esa protección hacia mi padre.

Y yo creo, que el hecho de nacer en una familia de mayoría mujeres me ha ayudado mucho. Me ha ayudado a desarrollar esa sensibilidad. Estando en un país donde las mujeres son las últimas de la fila, nacer en una familia de mujeres me ha ayudado a respetar más y ayudar más y no ver a la mujer como la última, porque yo no podía ver a mi madre como la última de la fila. Esa es una de las cosas que me ha ayudado mucho. A lo mejor si hubiera tenido un hermano, hubiera sido de otra forma, no sé. Es verdad que mi madre nos ha dado un trato igualitario en casa. La visión esa superior, era a nivel cultural y un poco parte de mi padre, pero mi madre nos ha tratado siempre por igual. He crecido así y he ido intentando mantenerlo.

Todo esto que viví me marcó muchísimo. Como decía la muerte de mi hermana. La situación en casa era insostenible por el tema de mi padre con el problema que tenía con el alcohol y el tema de los tratos con mi madre. El ver como a lo mejor le pegaban a mi hermana, le quitaban cosas y le decían que no iba a pasar nada porque su padre era alcohólico. Todas estas cosas que han ido pasando me han ido empujando a marcar pasos en mi vida. No sé. Ha habido cosas en mi vida allí que también han influido mucho en mí. Y yo pensaba: «a mi madre y a mis hermanas le pasa algo aquí y yo sin hacer nada. Yo me muero». Estaba pasándolo mal porque sentía la presión de tener que hacer algo porque nadie lo estaba haciendo.

Para pensar y dialogar

- ¿Qué te llama más la atención de como comienza un proceso migratorio?

- ¿Qué estructuras y dinámicas culturales influyen hoy en día en los procesos migratorios?

- ¿Qué os sugiere la expresión *"tampoco la escuela hacía mucho por cambiar la vida de esos niños"*?

- ¿Qué factores de protección están presentes y favorecen los procesos educativos resilientes en esta primera etapa?

Capítulo II
Tánger

CAPÍTULO II. Tánger

En principio, cuando vas con una idea de un viaje lo tienes todo más o menos cerrado, el viaje organizado. Sabes cómo vas a salir de Marruecos hacia Europa. Estás acompañado y se te plantea un viaje tranquilo. Con miedos y nervios, pero un viaje tranquilo, sabes que estás acompañado en todo momento. Tánger, en ese momento simbolizaba, mucha ilusión. En mi cabeza sonaba como la última ciudad que iba a estar de mi país. Y es la última ciudad donde iba a hablar mi idioma, pensaba yo en ese momento. Tánger, suponía… ilusión, cambiar de vida. Era dejar una vida e iniciar otra a partir de Tánger.

Sin embargo, también fue el caos. ¿Dónde voy? No había montado nunca en barco, ni había visto playas en mi vida antes a estar en Tánger. Adentrarme en el mar, era una experiencia y lo vivía con mucha ilusión. Todo muy nuevo, pero al llegar a Tánger no fue así. Llegas a una ciudad con mucho caos, mucha gente. Una ciudad de inmigrantes porque la mayoría de la gente que vivía en Tánger en esa época eran gente que estaba intentando salir. La población de Tánger era de muchas ciudades mezcladas que estaban intentando salir hacia Europa.

Decir adiós, dejar atrás el hogar

El plan para hacer este viaje era sencillo. El traficante que me iba a traer, lo que hace es cambiar su pasaporte… porque él, como padre de familia, en su mismo pasaporte, en las últimas páginas venían las fotos de los hijos y ahí estaban todos. Entonces el plan era que yo colara como hijo de ese hombre y pasáramos la frontera. Una vez en España íbamos a llamar a mi tío que me iba a recoger y mi padre le hacía el segundo pago a su vuelta a Marruecos y ya está. Yo me iba con mi tío y él se iba por otro lado. Ese era el plan. Que en teoría sonaba bien. Estaba cómodo y tranquilo. No tenía por qué salir mal porque el hombre ya lo había intentado con muchos niños antes. Era un viaje caro que a lo mejor en esa época pues costaba al cambio diez, quince mil euros... Un viaje muy caro comparado con la vida de allí.

Recuerdo camino para Tánger en el tren, que salía a las nueve de la noche de Marrakech y llegaba a las ocho de la mañana a Tánger, que me quedé dormido en el trayecto. Parece de película, pero tuve un sueño que me iba mal. Y me levanté y no estaba ese hombre ahí, el que venía conmigo. Se había ido al baño, pero esa sensación de angustia, la iba a volver a sentir en la frontera. No sé, como si el subconsciente pues me estaba avisando. Y es algo que se me quedó...

Y... bueno, llegamos al puerto, para coger el barco, y yo veía que yo iba bien. Iba bien vestido, llevaba mi maleta, iba acompañado, pero veía otros niños allí como yo que estaban mal. Que estaban, esnifando pegamento, intentando colarse en el barco. En el puerto los maltrataban, los policías le pegaban... porque si te pilla la policía cruzando, aunque sea la puerta del puerto te pegaban. Te echaban los perros de los policías, los perros los perseguían y los mordían. Entonces yo veía eso y ya en ese momento me di cuenta de que estaba metido en algo muy gordo. No era un viaje normal. Mi cabeza solo sonaba que ese viaje tenía que salir bien porque no podía estar en esa situación. Porque al verlos... decía: «pobre, tiene más o menos mi edad, pueden ser yo, pero no lo estaban intentando de la misma manera que yo»; y yo no quería vivir eso. Al verlo me entraba mucho miedo. Iba rezando en todo momento, pensando: «por Dios, esto tiene que salir bien».

Y cuando llegas al control, normalmente los policías que trabajan en la aduana saben que se trafica de esa manera también. Y como te ponen un nombre en el pasaporte, cuando normalmente te pasan, uno de los policías te suele llamar después con ese nombre. Pues a mí me llamaron y yo no atendí. El policía se dio cuenta que no era yo. No era yo y... me puse nervioso, no era mi nombre... pues en ese momento de bulla y todo... El hombre se fue y me abandonó.

Atrapado en el puesto fronterizo

Me echaron para atrás de la frontera. Cuando me abandonó... yo nunca había sido abandonado. Nunca me habían abandonado antes de ese momento. Sinceramente pensé que era como una estrategia y que luego iba a volver. De hecho, me quedé esperando un tiempo, pero no volvió y sentí mucha angustia y me dio por llorar. Una cosa que no entendí, me puse a vomitar. Sentí mucha angustia. Y la gente se acercaba y me preguntaba que qué me había pasado, pero no lo podía decir porque a mí las indicaciones que me dijeron era que yo no podía... De hecho, yo no sabía ni cómo se llamaba ese hombre. No te lo dicen por si pasan estas cosas, por si pasa lo que pasó y que yo no pudiera identificarlo ni por un nombre, ni nada.

Me sentí muy angustiado, muy abandonado, muy solo... hasta llegar a vomitar y llorar. No sabría describir el sentimiento, pero es como si te tiraran a un vacío y no llegara nunca al suelo. Es decir, estar cayendo continuamente... y yo me sentí solo, estaba esperando que alguien en ese momento... Yo he estado siempre tan arropado y tan bien guiado... que yo estaba esperando a alguien en ese momento que me dijera: «por aquí». Pero no pasó. En ese momento de sentirte que estás en caída libre y nunca llegar al suelo, me empecé a agobiar, empecé a llorar y empecé a dar vueltas. Incluso me fui a la policía, pero no me hicieron caso. La policía que estaba allí, les dije «oye mira, que yo...», porque de algún modo quería que me llevaran a mi casa, quería volver. Aunque en mi cabeza decía «no, no puedo volver», pero quería volver a mi casa. Y si alguien me decía que por qué volvía, podría decir que no era culpa mía. Puedo decir: «oye es que a mí me han cogido, me han devuelto. No he vuelto por voluntad propia». Pero no fue así, tenía que llegar a España sí o sí.

Después de estar varias horas desorientado y estar viviendo esa sensación, yo creo que Dios y la naturaleza humana es sabia y les da a los niños un sistema de defensa o de autodefensa que le ayuda a superar algunas situaciones traumáticas de manera más o menos bien. Y en mi cabeza me empezó a venir a la cabeza el momento en que murió mi hermana pequeña. Y era como volver a repetir esa sensación. Era volver a vivir el momento que ella murió. Y yo decía que no podía acabar de la misma manera porque, si soy sincero, pensé en morir, en el suicidio... Que mi familia dijera pues se murió en el intento. Tenía claro que no quería volver a casa y que la culpa fuera mía. Y al venirme ese momento de mi hermana que se murió, decidí que no podía acabar de la misma manera. Entonces, empezaron a venirme pensamientos a mi cabeza... volver a casa y ver como la familia lo pasa mal, que no hubiera soportado la presión familiar como yo estaba emocionalmente en ese momento. Me hubiera suicidado o me hubiera escapado de casa a cualquier otro sitio. Me hubiera refugiado en la droga. Yo no lo hubiera soportado. Y cuando me empieza a venir el momento de la muerte de mi hermana dije que yo tenía que hacer algo para que mis otras hermanas pudieran tener una vida un poquito mejor de la que tienen ahora. Tampoco de grandes lujos, pero un poquito mejor. Que pudieran estudiar lo que quisieran. Hacer lo que ellas querían con mi ayuda, mucha o poca, pero que yo pudiera ser útil para ellas, y decidí intentarlo. Ese fue el empuje. No fue otra cosa.

Y a todo esto, mi madre y mi padre se enteraron dieciséis años después de esta historia. Ellos se pensaban que yo había pasado con pasaporte falso. No era tampoco necesario contárselo. ¿Por qué? ¿Qué iba a ganar yo? Nada. Pero a lo mejor ellos iban a perder mucho. En ese momento, con quince años tú tienes que decidir qué hacer. Decir: «¡ya está! vuelvo a mi casa, lo intento yo una vez más o dos por mi cuenta o me quedo aquí».

Y ya está, cuando me recompuse busqué a esos niños que había visto antes y les empecé a preguntar que cómo se podía hacer. Empecé a juntarme con los chicos aquellos. Y ahí aprendí que ellos no esnifaban pegamento, no tomaban drogas, no bebían de esa manera porque sí. Sino era su manera de que tú podías soportar todo eso... Eso no se podía soportar sin drogarte. Era la manera que tú tenías de soportar estar todo el día intentando cruzar la frontera y estar soportando todos los días que te peguen, te insulten, que te humillen, te suelten los perros, que te echen una y otra vez para atrás. Como ganaban dinero... yo que sé. Había gente que bueno, se dedicaba a la prostitución... eran niños. Entonces, soportar eso sin drogas era imposible. Yo aprendí que la manera de soportar eso era a través de la droga. Allí tú tienes que pagar por todo. Tú tienes que pagar por la comida, por cruzar la puerta del puerto, tienes que pagar por coger la cuerda que baja al agua y si no tienes dinero para pagar, tienes que pagar de otra manera. Y ya está, es lo que hay.

Estuve pocos días en Tánger porque sabía que no iba a aguantar mucho. Mis esfuerzos se fueron todos a buscar una alternativa y buscarla ya. Es decir, la tengo que encontrar en dos o tres días, sino la encuentro vuelvo a casa porque sabía que un chico como yo que no había salido nunca de su casa y verme en ese mundo, no iba a acabar bien. Yo era consciente de eso. Igual que era consciente que volver atrás suponía también ver como todos los esfuerzos de la familia se tiraban a la basura. ¿Volver de nuevo? No sé eso como iba a caer en la familia, tampoco.

Y nada, allí el día a día era eso. Pedir comida y vivir en la calle. Un día sí me acuerdo que compartí habitación con cuatro o cinco chavales que estábamos allí. Nada, ahí te tienes que dormir con un ojo abierto y otro cerrado. Porque había mucho robo, mucha violencia, mucho abuso y era... era una situación complicada porque tu veías como en el sitio de al lado estaban abusando de un chiquillo y tu preocupación era, preocuparte por ti. No podía hacer nada. Era preocuparte por ti para que no te pasara a ti y ya está y aprender a vivir con eso. De una manera u otra, también son consecuencias de la inmigración.

La inmigración no es cruzar la frontera, no es saltar la valla o cruzar el puerto y ya estás aquí, sino que es soportar todo eso y que luego no te afecte en tu vida, porque muchas veces te afecta y eso es una cosa que se gestiona con el tiempo. Entonces los dos o tres días que estuvimos allí, yo recuerdo que una de las noches estaban abusando de un chiquillo al lado mía y mi preocupación era que no me pasara a mí y no sé si algún día eso me lo podré perdonar. Por eso hoy en día, cuando me entero o escucho temas de abusos me afecta más, porque lo veo ahí al lado. Es que era prácticamente al lado. Era la ley del más fuerte y el más chico tenía que aguantar. Éramos chiquillos de once, doce, trece, catorce...

Recuerdo que había un guardia de seguridad en el puerto que tenía un perro que lo echaba a los niños. Era un perro negro. Que lo echaba a los niños cuando estaban por el muro corriendo. Porque tú para cruzar por Tánger, vas corriendo por un muro súper alto y bajas a la playa, donde salen las pateras. Y ese perro cuando el guardia civil lo echaba pues te mordía y te tiraba. A lo mejor te tiraba en vez de al lado de la playa te tiraba al lado del cemento. Y recuerdo que un día me lo echó. Me lo echó y yo no creo que haya corrido tanto en mi vida como ese día. Y me alcanzó el perro, me alcanzó, me alcanzó... y se me echó en lo alto. Intentó morderme, yo protegiéndome y esa, esa sensación la tuve muchos años. Muchos años tuve miedo a los perros por eso. Esa sensación y ese momento se me quedó grabado allí en Tánger. A pesar de todo lo que pasé, pero ese momento se me quedó grabado porque es que pensaba que me iba a comer ahí... vamos... que te podía morder, arrancar un brazo... era un perro enorme. Tenían esos perros porque las personas no cabían por esos muros ya que eran muy finitos. Los guardias de seguridad físicamente no podían. Éramos niños los que corríamos por ahí... Pasé mucho miedo en Tánger.

Empecé a ver cómo cruzar a España. Y cruzar en el mínimo tiempo. No tardar mucho. Yo sabía que en camión no iba a poder. Era consciente que no tenía la valentía suficiente para meterme debajo de un camión., porque estábamos viendo como los niños que estábamos allí, se caían del camión y les pasaba por lo alto. Tú vas en un camión y a lo mejor se monta en el barco y ya está o a lo mejor se cae el niño en el puerto y veíamos niños con la cabeza aplastada, con piernas rotas, con manos aplastas o ahogaos. Veíamos cómo se metían en las cámaras frigoríficas de los camiones... sin estar preparados de ropa. Claro pasas tanto frio que te mueres de frio o incluso de calor. Eso se pasa mal. Yo sabía que estas no eran mis opciones. La otra que veíamos eran los barcos. Los chavales por las cuerdas de los barcos que estaban amarrados al puerto, era agarrarte a la cuerda, ir trepando y esconderte en uno de los huecos del barco. Pero yo no tenía la fuerza, estaba canijo. No había salido de mi casa y era un niño físicamente normal y digo: «no, no puedo... si yo tengo que utilizar mi fuerza, ni lo intento».

Todo agua y oscuridad

Y entonces empecé a preguntar por las pateras que salían. Normalmente las pateras salen de otro punto, no de Tánger. Tánger es una ciudad muy vigilada porque es donde está el puerto y demás. Entonces, las pateras suelen salir de Tetuán, de Oushima, de Larache, o de otros puntos de la costa más escondidos, pero de Tánger salían muy pocas. Entonces, cuando salía alguna de Tánger casi todo el mundo lo sabía porque era algo inusual. Nos enteramos y fuimos dos o tres chiquillos para allá. Normalmente te preguntan si tienes dinero para montarte y no te cobran allí, sino que te cobran una vez en el mar. Te tienes que montar y salir corriendo porque si no viene la policía y te ve. Ya está, te pillan. Le dijimos que sí, que sí que teníamos y nos montamos en la patera y cuando llevábamos muy poca distancia... quinientos, seiscientos metros nos dijeron de pagar y les dijimos que no teníamos dinero. Era llevarnos o echarnos al agua... y si nos echaban pues volvíamos para atrás y avisábamos a la policía. Que eso era un farol, que ni la policía va a venir y que parece una tontería, pero seiscientos metros en el agua son seiscientos metros. Por la noche, con la corriente, con el frio. Y nada, el hombre no se atrevió o no sé por qué y nos dejó ir en el viaje. Ocupamos los sitios que no quería nadie, porque allí cuando te montas en la patera los más fuertes o el que va más rápido va ocupando los sitios mejores. Cuando estas más en alta mar hay sitios que te salta el agua y a lo mejor recorres, como nos pasó a nosotros, todo el trayecto mojado y con las piernas encogías. Llevábamos botellas partías de agua para ir sacándola, porque suele entrar agua y tienes que ir achicando. Cada vez que escuchábamos un ruido tenía que parar los motores.

Bueno, lo primero tú te montas y no se ve nada. Yo pensaba que al montarte y llevar pocos metros ya ibas a ver las luces o vas a ver... no, no, no. No se ve nada. Todo oscuro. Silencio y el agua. Yo nunca imaginé que el mar por dentro fuera de esa manera. Tan brusco y violento. Porque la idea que tengo del mar no es así. Pero dentro, el mar es muy violento y muy cruel. Yo pasé todo el viaje pensando: «creo que me voy a morir, creo que me voy a morir»; y «creo que esta gente que está aquí conmigo van a ser las últimas personas que voy a ver en mi vida». En ese momento con quince años soy sincero, me arrepentí. Pero ya no había hueco para eso. Era seguir o seguir, porque ya no podía volver para atrás. Si tú decides «oye, mira que no...», te echan al agua. La vida humana ahí dentro vale poco. Lo único que vale es el dinero y llegar. Porque si el traficante consigue llegar, va a cobrar. Si no, no. Toda la gente paga una parte, antes y otra después. Entonces, él necesita el dinero. Si llegas con veinte personas vas a cobrar más, y si alguien le da problemas en el agua, lo tiran. A ellos les interesa que llegues, pero si alguno da problemas, al agua. Y el mar por dentro no te da opción, no te da una segunda oportunidad. Si te tiran al agua, estás muerto. Y en el viaje pensé: «me voy a morir», «si llego allí, ¿mi vida realmente va a cambiar?» Y una de las pocas cosas que me mantenían con cierta esperanza en el viaje era que mi cabeza pensaba que una vez pisara España, Europa, ya está, ya iba a estar bien. Ya no iba haber problemas. Solo quería llegar. Yo llego y una vez que ponga un pie allí, en ese suelo que me decía mi madre de cristal, pensaba que todo iba a salir bien.

Estando en la patera me acuerdo de una cosa que pasó. Llevaban un hombre de África, un hombre negro atado de las manos.

– Oye, ¿este hombre por qué está atado? – pregunté.

Nos dijeron que como había algunas personas que cuando están en el mar le dan muchos ataques de ansiedad, se ponen muy nerviosos y le dan por chillar o ponerse agresivos y demás. Entonces, lo llevaban atado, por si se ponía nervioso y lo tenían que echar al agua. Y ya, cuando te responden eso. Ya no preguntas más. Si un hombre fuerte, grande, ha aceptado montarse en ese medio de transporte, en una patera, atado, jugándose que lo echen al agua y que se muera... Tú con quince años que vas a preguntar, que vas a decir nada. Estas ahí callado, intentas no llamar la atención y hacer todo lo que te pidan y si te piden algo fuera de tu fuerza u otra cosa pues es lo que hay... o te tiran al agua.

Ese viaje no lo emprendimos pocos, éramos unas cuarenta o cincuenta personas, de los cuales, niños éramos muy pocos. Estábamos allí mirándonos unos a otros y esperando llegar. Se hace muy largo. Tardas mucho, tardamos cerca de un día y medio. Porque te tienes que ir parando e incluso llevábamos una lona azul, que cuando salimos por la noche y se hace de día, te tapas. Para que no llame la atención. Y eso tapado, con el sol, dándote todo el día... eso es un invernadero. Treinta y pico horas después llegamos a Almería. Porque normalmente cuando tú sales de Tánger llegas a Tarifa, pero dimos muchas vueltas y llegamos a Almería. Creo que era... sí. El Ejido. Un pueblo donde había mucha gente de Marruecos y al preguntar te decían: «El Ejido, El Ejido».

Mantenerme en la decisión de hacer el viaje no fue fácil, pero en mi cabeza lo primero era que mi familia había hecho un esfuerzo económico grande. Es prácticamente poner todo el poquito dinero que le quedaba en ti. Y, supuestamente, tú tienes que devolver ese dinero y más. Porque han hecho un esfuerzo por ti para que tú saques a la familia de esa situación en la que estaba. Una situación de necesidad. Yo tenía esa responsabilidad y a ti con quince años te dicen: «tienes esa responsabilidad». Tú no te paras a analizar si está bien, si está mal. Te dicen: «tú tienes en x años que volver y devolver este dinero o ayudar para siempre porque como nosotros hemos hecho un esfuerzo por ti, tú lo tienes que devolver». Y ya está. Me acuerdo que mi padre me lo dijo así directamente. Y aunque mi madre no estaba muy a favor de que yo emigrara, cuando empezó en mi cabeza a sonar la idea de emigrar y hablaba con mi madre de salir a Europa, recuerdo una de las frases que se te quedan marcadas, que a lo mejor ella no se acuerda, pero yo sí. Me recogió del colegio, íbamos andando y le dije:

– Mamá, si un día voy a Europa tú... ¿tú qué me pedirías?

– Que vuelvas bien o no vuelvas– me respondió.

Me dijo "que vuelva bien...". Entonces, cuando estás en ese momento en Tánger, replanteándote qué hacer. Volver o no, te van viniendo todas esas cosas. Primero, el esfuerzo y la responsabilidad que un familiar pone en ti. Y luego el pensamiento de tu madre. Es decir, «¿cómo vuelvo yo?». Y por otro lado mi orgullo. En parte por orgullo propio de decir:

«yo tengo un objetivo y si tengo que morir en el intento, yo muero en el intento, pero yo no vuelvo».

Realmente no sabía lo que implicaba todo esto. No, pufff... no procesas, no piensas. Tú quieres montarte en algo, que da igual, que a lo mejor si te dicen que es una bicicleta que va a cruzar el mar, tú te montas, «¿esto dónde va? Esto va para Europa, pues me monto y me voy». Pero cuando estás en el mar...

Cuando llegué, cuando toqué tierra, fue cuando... como si mi cerebro fuera rescatando pensamientos que surgieron en el mar, «¿Por qué me monté en eso? Me podría haber muerto, podrían haber abusado de mí, podrían haber hecho cualquier cosa porque no había ni comida».

Diría que todo este proceso me ha quitado durante bastante tiempo muchos años de mi vida. Durante unos años de mi vida, no era capaz de sentir. He visto abuso, he visto como a gente le pegan, he visto como maltratan a personas, como juegan con la vida de la gente. Esta experiencia me quitó la sensibilidad de sentir... no sentía dolor, era algo que me llamaba mucho la atención, que no me daba pena nada. A lo mejor la primera vez sí, porque te choca cuando ves un tipo de abuso, de violencia, de algo. Pero luego ya no. Y eso a mí me daba mucho miedo porque no sentía nada. Veía algo violento, ver como abusan, pegan, roban o acuchillan a una persona y no sentía dolor, no sentía pena. No pensé nunca que la supervivencia, que sobrevivir a una situación extrema te lleva a no sentir nada hacía nadie. Solo preocuparte por ti mismo. Y yo no era así en mi casa. Esa etapa de mi vida fue corta, pero me quitó esa sensibilidad y me quitó la parte humana. Que tardé muchos años en recuperar. Recuerdo pensar: «yo me preocupo por mí mismo y si están matando a una persona al lado mía, no es mi problema». A lo que te lleva... pufff... la inmigración. Las personas solo ven a alguien saltar una valla y cruzar en patera, pero no es eso. Es todo el previo y todo el después. Porque no... tú migras físicamente, pero lo que es tu mente, tus sentimientos, tu humanidad, a ti como persona te van destruyendo en el camino. Y a lo mejor lo encuentras después o no.

Mi etapa en Tánger, aunque fue corta fue muy intensa. Yo era un niño que no había hecho nada antes. Era como tener un libro en blanco. Todo lo que aprendía eran cosas nuevas. Las cosas que me ocurrieron me aportaron... Puedo ponerme en el sito de los niños que ahora mismo llegan a mi vida, que llegan a mi trabajo o que me cruzo. A lo mejor no necesito que me cuenten mucho. No necesito saber más. No necesito hacerle una serie de preguntas, una serie de entrevistas para obtener información. Con que me diga dos o tres cosas, de dónde ha venido y cómo es su casa, puedo imaginarme la situación que ha tenido que pasar. Entonces aquello me aportó la capacidad de ponerme en el sitio de la persona. Me aportó, también, el saber manejar el dolor. Que no te afecte en tu día a día. Me aportó saber apreciar lo mínimo, lo mínimo en la vida. Es decir, no necesito tener grandes lujos para sentirme bien. He estado en la miseria profunda y cualquier cosa ya me parece buena. Si tú no pasas en tu vida necesidades materiales, físicas, emocionales no aprecias esas cosas... y mi tiempo aquí en Tánger me aporto eso.

Para pensar y dialogar

- ¿Cómo afecta la migración a la identidad y sentido de pertenencia del Abdel? ¿Qué elementos hacen sentir pertenencia a un lugar o comunidad?

- ¿Qué aspectos de la identidad crees que se transforman durante un proceso migratorio?

- ¿Qué impacto producen las injusticias y las violaciones de derechos humanos en los procesos migratorios? ¿Qué papel crees que debe adquirir la educación ante estas situaciones?

- ¿Qué os sugiere la expresión *"durante unos años de mi vida, no era capaz de sentir"*?

Capítulo III
Entre El Ejido y Murcia

CAPÍTULO III. Entre El Ejido y Murcia

La mayor traición de mi vida... la mayor... la mayor traición de mi vida ha sido en el Ejido, en Almería. Porque tengo un tío mío allí que supuestamente llegó a un trato con mi padre. Como mi padre le ayudó para salir de Marruecos pues el trato era que si algún día yo llegaba a España que él me tenía que ayudar...

Europa, suelo de cristal

Nada, llegamos y salimos de la playa tan normal, salimos andando y ahí no pasa nada. Recuerdo que no era verano, pero era una época de calor, seguramente sería octubre por esas fechas ya que no hacía mucho frio. Estaba la gente allí en la playa sentada, no estaban bañándose, estaban sentados. Nosotros salimos andando y los mayores de edad salían corriendo, supuestamente salían corriendo porque si los coge la policía a esos lo pueden deportar. Los menores salíamos un poquito más tranquilos. Nos escondimos un poco entre las personas, para no llamar mucho la atención, luego cada uno fue a buscarse la vida. Yo tenía un número apuntado de mi tío, lo llamé y después de intentarlo varias veces, no me lo cogía. Conseguí que me lo cogiera una vez y hablé con él.

– Tito, estoy aquí, estoy aquí en España – y no se lo creía mucho, creía que era broma, no se lo estaba creyendo mucho y ya ahí tú notas que algo está fallando, que el recibimiento no iba a ser del todo bueno.

Yo esperaba que en el momento que yo acudiera a él, él iba a venir a recogerme. Me llama un niño indefenso de quince años y lo dejo todo y voy por él. No fue así, lo llamé y me dijo que tenía que irme a una estación que él me iba a recoger allí. Y yo no sé dónde está la estación, yo estoy recién llegado, pero ya está «vale», si conseguí llegar hasta aquí localizo una estación, no creo que tenga que ser algo difícil. Pues nada, pregunté a alguna gente que me estuvieron indicando y después de dar muchas vueltas porque no sabía... localicé una estación de autobuses.

Volví a llamarlo, ya no tenía muchas más monedas, porque el dinero que llevabas era el dinero que le pedía a la gente de allí.

– ¿Me da algunas monedas para llamar? – y me iban dando.

Volví a llamarlo.

– Ya que estás en la estación, cuando acabe de trabajar y varias cosas que tengo que hacer, voy a recogerte – me respondió.

Y nunca vino.

Me quedé esperando todo el día, vine por la mañana llamé y me quedé toda la tarde esperando. Ahí me di cuenta que no iba a venir.

Pensé... «¿habrá merecido la pena?». En ese momento si es verdad que pensé que quizás volver era la mejor opción... Porque si ya has conseguido pasar todo lo que has pasado en el camino, todo el sufrimiento, todo ese dolor, todo ese trauma y llegas aquí y crees que un familiar tuyo te va a ayudar y te deja en esas condiciones abandonado, y le importa poco.... En ese momento si pensé que a lo mejor no merecía la pena venir hasta aquí y quizás, la mejor opción era volver con mi familia. Aunque no quería y la situación era mala pero me decía a mí mismo: «bueno, por lo menos allí sé que la gente con quien esté, aunque estamos en una situación mala, me quieren».

Me sentía muy mal, porque no lo entendía.

En mi cabeza, no cabía cómo este tío mío, con el que yo me llevaba muy bien. De hecho, él estuvo viviendo en mi casa con nosotros, él me ha visto crecer, era como un segundo padre. Desde chico ha estado viviendo con nosotros en casa y dejarte de esa manera no lo entendí. Me he hecho muchas preguntas para intentar entenderlo... ¿qué pasó?, ¿era culpa mía o culpa suya?, ¿las condiciones no eran las mejores?, no sé... Y nada, allí esperando te das cuenta que ya está, el único que se tiene que preocupar por ti eres tú mismo. No hay nadie más... Ya no esperaba nada más de nadie.

Ya lo que tenía que conseguir era por mí mismo, buscarlo yo y trabajármelo yo para conseguirlo. Ya no quería depender de nadie, ni del traficante que me iba a traer, ni de mi tío que supuestamente me iba a ayudar, ni de mi padre que ya estaba al otro lado del mar. Ya era yo solo y pufff... tú solo en un país diferente y sin hablar el idioma. Nunca había escuchado lo que es el español. Nadie te conoce, no tienes documentación, no eres nada. Ni le importas a nadie, no eres... pufff... Nada. Ni siquiera un número en algún sitio, no existes en ningún lado. Imagino que esa es la sensación que tenían todos los niños que venían y los que siguen viniendo.

Y en medio de todo ese caos, no sé cómo llamarlo a eso, suerte o casualidad, mucha casualidad a lo mejor o mucha suerte. Después de estar ahí todo el día, se me acerca un chico por la tarde, que se fue por la mañana a trabajar y me vio allí, y por la tarde... otra vez me volvió a ver. Y ya está, empezamos a hablar.

– ¿Cómo te llamas? – me preguntó.

– Me llamo Abdel – respondí con dudas.

Era marroquí... todos los movimientos migratorios, normalmente, reúnen a la gente según las zonas de donde salgas. Si tú entras por Almería, a lo mejor, allí están de una zona determinada de Marruecos o si estás en Canarias de otra zona determinada... Empezamos a charlar, ya me daba igual solo quería hablar con alguien y si alguien me hablaba, le hablaba. Era un deseo.

No había comido en dos días, desde que salimos de Marruecos en mi estómago no había caído nada de comida, llevaba dos días sin comer. El muchacho compró comida, nos sentamos y empezamos a hablar. Empezamos a hablar y al decir de donde éramos cada uno resultó que su mujer y la mujer de un tío mío eran hermanas, y en ese momento, me emocioné mucho, porque eso fue... como si todas las desgracias que me habían pasado en la vida, pues si Dios existe, me puso a esa persona en el camino en ese momento.

Fue algo que yo creía que era broma. Yo creía que era otra persona más que me quería timar o quería hacerme algo. Pero no, cogió el teléfono y me dijo:

– Toma la vamos a llamar – marcó el número y yo hablé con la mujer de mi tío desde su teléfono.

Y allí sentí un poco de alivio.

– ¿A quién estás esperando? – me preguntó el chico en ese momento.

– A mi tío – le respondí.

– No va a venir.

– ¿Por qué lo sabes? – le pregunté algo confuso.

– Aquí en España o en Europa muchos te dicen «vente que te ayudo», pero una vez aquí no vienen. Te abandonan porque tú estás viendo la situación que hay. No es lo que nos cuentan cuando estamos allí. Cuando vienes aquí, te lo tienes que buscar todo solo.

Me ofreció que si quería pasar unos días con él hasta que buscara alguna solución. Le dije que sí, que vale. Que no quería estar en la calle, cogí mis cosas y me fui con él. Él vivía en un piso que tenía tres habitaciones y en cada habitación vivían tres personas. Estaban nueve personas en la casa y yo. Todos estaban trabajando en el campo o en lo que le salían. Para poder estar allí yo no quería estar de gratis. No quería ser una carga para nadie. Lo que hacía a cambio de estar allí era hacer la comida, limpiaba la casa, limpiaba la ropa. Hacía las cosas del hogar a cambio de poder estar allí.

Yo no volví a hablar con mis padres hasta después de mucho más tiempo, porque lo que le iba a contar no era bueno. Entonces, mejor no contarlo. Mejor no llamar porque no quería mentir, además porque se me iba a notar.

Estando en esa casa pues bueno, ellos se iban a trabajar a las temporadas del campo que estaban en esa época en Almería, por Murcia, Alicante y me iba con ellos. Una de las veces cuando llevaba allí cuatro meses o cinco meses, uno de los hombres que había allí no sé por qué, pero vi que se me acercaba mucho y con unos juegos con un contacto físico más allá del juego. Y no lo entendía mucho, porque digo bueno... yo no sé si esto... no entendía yo... estaba confuso un poco. Decía... este cariño, no sé, no lo tenía yo muy claro pero bueno, lo dejé pasar porque no pasó más allá. Es verdad que un día la cosa se puso un poquito más... el hombre se puso un poco más violento, quizás quería pasarse más y... me cogió del brazo, estaba ahí forzando y conseguí escapar. Estuve a punto de sufrir un abuso sexual. Me di cuenta en ese momento. Y me escapé. Me fui de la casa. Me fui a la calle.

Se lo dije al hombre que me acogió «mira que me pasa esto y...». Él tampoco lo entendió mucho, pero como no estaba allí... Me fui. Además, no era la primera vez que me pasaba. A veces estaba durmiendo, se me venía y se metía en la cama y notaba como ciertos acercamientos, no con buenas intenciones. Yo había visto ya abusos a otros chavales y yo no quería sufrir eso y me escapé. Me escapé de allí y me fui a Murcia.

Infiltrado en la escuela

En Murcia estuve un tiempo compartiendo una casa de okupas con alguna gente. Lo curioso de eso que arriba de la casa vivía una familia de Marruecos y le pedí al hijo que si él estudiaba que, si me podía dar unos libros o algo para aprender. Me daba mucho coraje y a la vez mucho miedo no entender lo que me estaban diciendo en español. La gente hablaba y me daba mucho miedo, me daba mucho coraje... no quería seguir así. Entonces le pedí al muchacho que vivía en la casa de arriba con su familia que si me podía pasar unos libros. Me pasó una fotocopia que tenía lo básico. Y ahí me lo estuve estudiando en la casa okupa. También le pregunté que si él iba al colegio. Por lo que empezamos a hablar de ese colegio y que abría por las tardes también. Ahí le pregunté que si yo podía ir. El chico no sabía que responderme y yo no sabía que para eso te pedían documentación o había algún tipo de control. Yo me vestí, lavé la ropa, la poca ropa que tenía. Pensé: «bueno, si yo voy bien vestido, limpio y aseado a lo mejor cuelo por una persona normal».

Vivía un nivel de desgaste importante. No me creía que era normal. Pensaba en ese momento que era un desecho. Entonces tenía que vestirme de alguna manera para ser normal. Y me vestí así y me fui a ese colegio. Entré y me puse al final de la clase. Pensé... yo me quedo aquí en la clase, si no hago nada, no molesto nada, voy escuchando, voy aprendiendo y si me preguntan... no digo nada y estoy aquí quieto. Y estuve así dos meses dando clases de español. Porque el chico estaba recién llegado con su familia y estaba en apoyo de español por la tarde. Y yo iba allí, me sentaba y el maestro imaginaría que yo era uno más y estuve así dos meses hasta que me pillaron. Me pillaron y ya no pude entrar más. Pasados esos dos meses en Murcia, volví a Almería. Volví a los invernaderos a trabajar, porque ya estaba demasiada gente en la casa okupa y ya está... para Almería.

Mi chabola

Almería era una ciudad famosa por ser donde más gente de Marruecos hay. Por el tema del campo y porque es donde llegan las pateras. Entonces, Almería siempre era como la referencia de volver a lo más parecido de Marruecos aquí. Donde más gente de Marruecos había. Había barrios y barrios enteros de gente de Marruecos, con sus tiendas y sus cafeterías. Entonces volvíamos allí porque era el punto referencia. Además, porque era volver a dónde había llegado de primeras.

Otro chico y yo estuvimos en los invernaderos trabajando los días que nos dejaban porque éramos menores y tampoco se podía. Dormía en una especie de cortijo donde meten a todos los que trabajan en el campo allí para vivir y compartía una cama pequeña con dos personas más, no había más sitio. Después de estar ahí un tiempo decidí irme de ese cortijo porque no podía viví allí más. No había mucha comida para todo el mundo y había muchos días que no comía... porque era el más chico. Por allí siempre era la ley del más fuerte. Me quedaba con hambre porque comían más rápido que yo, no sé, pero había muchos días que yo me quedaba sin comer. Y decidí irme yo solo a una chabola que hice detrás de una barca de estas donde riegan el campo, con su plástico para cuando llueve. Estuve viviendo en el suelo, dormía en lo alto de unas cajas de estas que hay de fruta. Puse unas cajas de fruta, le puse unas mantas que apañé y varias cosas y ya estuve viviendo un tiempo en mi chabola yo solo. Luego me encontré un chico recién llegado y lo llevé a mi chabola. Estuvimos viviendo los dos allí bastante tiempo, como dos o tres meses.

El frío, la lluvia, las ratas, tú dormías y tú sentías todo... Era una chabola como de dos metros por dos y en mitad del campo pues las ratas entraban. Tú sentías las ratas cuando te estaban pasando por lo alto de los pies. Era muy desagradable. Decidimos irnos de allí porque una mañana nos levantamos y vimos una serpiente enfrente de la chabola. Éramos dos chavales de catorce o quince años y nos entró mucho miedo y nos fuimos. Nos fuimos de allí porque aunque allí estábamos bien ya que estábamos recogidos, al ver eso pasamos mucho miedo y el chico decidió irse por su cuenta.

Durante estos últimos meses, pasando todo lo que pasé, lo que más recuerdo es algo que mucha gente a día de hoy no le da mucha importancia, pero recuerdo... una ducha con agua caliente. Después de muchos, muchos meses sin ducharme con agua caliente, duchándome con agua muy fría, en invierno. En el cortijo había un chico que tenía un sistema de calentar agua muy curioso. Tenía un cable de corriente que le sacaba los dos cables, uno lo enganchaba a un trozo de cobre y el otro lo metía en agua. Y esa agua se calentaba por la corriente. Me dijo el muchacho que si me quería bañar con agua caliente... no lo dudé, «sí». Entonces me calentó el agua y me dio agua caliente para ducharme. Y esa sensación de ducharme con agua caliente en pleno invierno, ese momento lo recuerdo como algo llamativo de aquella segunda vez en Almería. Después, aun pasando todo lo que pasé también me acuerdo que durmiendo en el cortijo con la gente en una cama chica con tres personas, yo dormía como en el filo, pues una de las noches me tiraron al suelo... El suelo estaba meado, había pis de la gente. Me desperté del olor que había allí en el suelo.

A pesar de todo esto, es verdad que no olvidaré... a una mujer que me encontré. Una mujer que me vio allí. No sé, a lo mejor le recordaba a algún hijo suyo o lo que sea. Hacía mucho frío y me compró una chaqueta. Me compro una chaqueta vaquera. La usé mucho tiempo y la guardé. Le tenía cariño porque fue la primera chaqueta que tuve aquí. Y fue comprada por una persona que no me conocía de nada. Lo único que le importó era verme como un niño indefenso que estaba pasando frio y lo único que a esa mujer le salió fue comprarme una chaqueta. No me preguntó ni como me llamaba, si tenía familia ni nada, sino supo ver lo que nadie vio en ese momento. Lo que nadie se paró a ver. Era una mujer de Colombia. El resto... nadie me vio.

Es una sensación que te da cierta libertad. El hecho de aparentar normalidad, ir bien vestido, aseado... no aparentar esa situación de calle. A nadie le daba por preguntar. Todo el mundo iba a sus cosas y nadie se fijaba en los detalles o en las personas que entraban allí. Cuando estaba en el colegio por las tardes yo entraba por delante del profesor y a mí nunca nadie me paró ni nada.

Cuando ya pasaron alrededor de once meses fue cuando empecé a desarrollar mi personalidad. Empecé a tener claro a que personas me podía acercar y a quien no. Empecé a detectar aquella persona que me iban a hacer daño. Al principio era un niño muy confiado... un niño que no había salido nunca de su casa y que confiaba en todo el mundo. Cuando llevas en la calle un tiempo... la calle te enseña a detectar las intenciones de la gente contigo, saber cuándo algo me conviene o cuando no y saber cuándo una persona te va a hacer daño. Y también, que en la calle todas las situaciones tenían un riesgo y tú lo asumías. El hecho de yo meterme en la casa okupa asumía un riesgo. El riesgo de que te roben, te peguen o te maten porque allí un trozo de comida es algo muy valioso, y cuando algo es escaso como la comida puede ser que te peguen en un mal sitio o una mala decisión y pierdas la vida en ese momento. La calle me enseñó a seleccionar a la gente y los momentos donde yo podría hacer algo o no. Aprendí a observar y a detectar el peligro.

Es verdad que la línea la tenía muy clara. Aunque hubo momentos de duda y de confusión a raíz de todo lo que pasé, como es lógico, porque la calle es muy dura... la calle te destruye. Eso sí, si tú te mantienes firme con tus ideas y tus valores, quizás te salvas. La calle te destruye, la calle te rompe, la calle te cambia la persona... y yo me mantuve así de firme por mi familia, porque mi objetivo era ayudar a mi familia y mi objetivo era como me dijo mi madre en ese momento... volver bien. Aunque fue una frase dura, pero tenía su mensaje también. Yo intentaba sacarle algo a todo, en ese momento agarrarme a lo que sea. Esa frase de mi madre resonaba en mi cabeza «o vuelves bien o no vuelvas». Si había que elegir entre esas dos opciones, yo prefería volver y eso suponía mantenerme en la línea que yo traía de Marruecos.

Después de estar viviendo en la chabola, me entró mucho miedo de seguir allí por lo de la serpiente y entonces me fui a la calle... Llamé a mi padre y le dije:

– Papá mira, que me está pasando esta situación, que estoy en la calle, porque mi tío no vino y... Pero que yo estoy bien. No te preocupes que yo estoy comiendo que...

Fue una conversación muy complicada.

No le conté todo lo que había pasado, solo le conté que estaba bien, que no estaba con mi tío y que me estaba buscando la vida y que estuviera tranquilo. Y me dijo que él tenía un amigo en Madrid... que él le podía llamar y si me iba con él allí, seguramente me podría echar una mano. Digo si él puede echarme una mano, digo, yo voy. Y cogí mis cosas y me fui a Madrid.

Fue una llamada que estuve pensando mucho porque sabía las preguntas que me iban a hacer. ¿Dónde estaba? ¿Si estaba bien? ¿Si comía? ¿Si estaba con mi tío?... que era una de las preguntas más importantes. Pero bueno, hablé con mi padre con sinceridad y a lo mejor... bueno... es muy duro decir esto, pero quizás mi padre tampoco quiso saber mucho. Fue algo que me llamó mucho la atención. Que no hubo muchas preguntas sobre mi situación. Entonces, en ese momento también me di cuenta que no querían saber... Quizás fue también una manera de él autodefenderse. Si no sé lo que le pasa, no lo paso mal. Un poco egoísta, pero bueno no le guardo rencor, todo lo contrario. Sin embargo, es algo que también te marca la línea de tu vida. El no depender de nadie, aunque sea en la distancia. Es algo que te enseña a sobrevivir. En las situaciones más extremas es cuando uno aprende a sobrevivir y yo aprendí a sobrevivir a raíz de todas esas situaciones y yo a mi padre no le guardo mucho rencor. Tampoco sabría separar mi vida sin todo lo que me enseñó mi padre y mi madre, en lo bueno y en lo malo.

Para pensar y dialogar

- Las expectativas, las relaciones familiares y la confianza son elementos que quedan a la deriva nada más llegar. ¿Qué herramientas o estrategias de afrontamiento para la resiliencia identificas en este nuevo entorno?

- ¿Qué supone la presencia de la educación en la vida de Abdel y en la manera en que enfrenta los desafíos? ¿Qué oportunidades educativas crees que deberían promocionarse?

- ¿Cuáles son los desafíos culturales y sociales que enfrenta al llegar a España? ¿Cómo los maneja y qué reflexiones podemos hacer a través de su experiencia?

- ¿Qué te sugiere la frase *"el hecho de aparentar normalidad, ir bien vestido, aseado... [...] nadie se fijaba en los detalles o en las personas que entraban allí. Cuando estaba en el colegio por las tardes yo entraba por delante del profesor y a mí nunca nadie me paró ni nada"*?

Capítulo IV
Madrid

CAPÍTULO IV. Madrid

Secuestrado

Entonces, llamo a mi padre, me dice lo de Madrid y su amigo. Recuerdo que no tenía dinero. No tenía dinero y me colé en un autobús. Me monté allí con todo el mundo y me quedé al final. Después de muchas horas llegamos a Madrid. Llamé a este hombre, lo localicé y nos fuimos a donde él vivía. Era un edificio en Madrid muy alto y en la parte de arriba, en la terraza, allí tenía una habitación, era como una buhardilla. Pues ahí vivía mucha gente. Ellos se dedicaban a la venta de los cd's estos copiados, piratas. Después tenían como una especie de mafia de niños, tenía... no sé si son siete u ocho niños menores, que se dedicaban a la venta de esos cd's. Que eran menores, porque si la policía los cogía no los podía detener. Los soltaban y los llevaban a asuntos de menores y él conseguía otros niños y así.

Llegué a la casa y el primer día estuvimos allí. Me dio de comer y veo que me dice que tengo que salir a la parte de fuera, a la azotea, que había una silla allí. Una silla y poco más. Y me dijo que tenía que cerrar la puerta de la azotea con llave. Cerró la puerta de fuera y me quedé ahí encerrado en la azotea, dentro en ese espacio y no sabía por qué. Digo «ya está, cuando vuelva, le vuelvo a preguntar». Vino por la tarde.

– ¿Por qué me has dejado encerrado? – le pregunté.

– No, para que no te coja la policía, para que no te pillen aquí.

Allí estuve un mes, vivíamos como siete u ocho menores, otra persona, más él. El sitio era muy chico. La habitación donde dormíamos era como un habitáculo de tres metros o algo así. Y allí dormíamos todos. No había cama ni nada, había unos huecos allí reservados y como yo era el último pues dormía donde había hueco. Y si los huecos estaban a los pies de la gente, pues a los pies de la gente y si era en la puerta, pues en la puerta. Con un cartón y a dormir. Buscamos cartones y allí que intentabas dormir. Te echabas un poco, porque dormir no dormías. Era imposible dormir.

Estuve así un mes, sin poder salir de allí. Por el día encerrado y por la noche llegaban, hacían la cena, cada uno su cena. Y yo me comía las sobras de cada uno cuando querían. Y ahí me di cuenta que esa ayuda no era ayuda. No entendía yo ayudar a un niño así. Este hombre, algo está haciendo mal, pensé que mi padre no me mandaría a consciencia a esto. En mi cabeza no concebía que mi padre sabiendo esa situación me iba a mandar ahí. Y nada, como la habitación tenía un baño pequeño y en el baño tenía una ventanita en el techo, una claraboya, una noche le dije que iba a entrar al baño. Entré al baño y como era muy delgado me colé por la ventana esa. No lo pensé mucho, porque al salir de allí, vi que era como una octava planta y era de noche. Que a lo mejor un paso en falso y no veía el vacío. Yo creía que era algo más estable. Entonces, salí por la ventana y me fui a otro edificio. Pero a medio metro de esa ventana, había una caída de ocho plantas. Fue algo brutal... las tejas se movían. Recuerdo que era algo... pisaba y se movía, pisaba y se movía. Y bueno, porque me dio por andar hacia el otro lao y no hacia el vacío. Si no, no estaría aquí. Me salí por la ventana, me fui al otro edificio y bajé.

Bajé a la calle de noche y estuve deambulando por la calle, en Madrid, sin que nadie hiciera nada por mí. Estuve cerca de la comisaría, por si la policía me veía. Estuve pidiendo comida, es verdad que nunca he robado en Madrid. Yo no quería hacerle daño a nadie para sobrevivir. Porque si lo hago, me convertiría en las personas que me he ido encontrando. Como mi tío, como ese hombre que quería abusar de mí, como la gente que abusaba en Tánger. Yo no quería convertirme en eso. Había algo en mí que me impedía hacer daño. Prefería pedirlo a quitárselo a alguien. Entonces pedía comida, pedía dinero y la gente pues... con la poquita gente que te ve, te da comida o te ayuda iba aguantando.

Estuve en un sitio en Madrid donde era como una especie de duchas públicas, que por cincuenta céntimos me podía duchar allí. Pagabas, no sé si era cincuenta o un euro. Pagabas y me daban una pastilla de jabón. Entraba, me duchaba y salía. Y estuve yendo allí para ducharme. El hombre me dejaba, el día que tenía dinero pagaba y los días que no, me dejaba gratis. Porque eso si vi que me funcionaba. El estar aseado, limpio... me camuflaba más en la sociedad. La sociedad te veía como algo normal. Estás limpio, estaba aseado. Era algo que no llamaba mucho la atención. Pero eso no era la mayoría de las veces. La mayoría de las veces, estaba yo en otras condiciones. Condiciones que... me duchaba cuando podía, me cambiaba de ropa cuando podía. Te robaban las cosas. Tú dejabas las cosas en un sitio. Llegabas y te habían robado. Tenía que conseguir otra ropa, pedirla o cogerla de los contenedores donde había ropa y así.

Encontrando mi lugar en la calle

En Madrid es verdad que escuchábamos cuando le preguntábamos a alguna persona marroquí que andaba por allí o con el poquito español que yo he ido aprendiendo, que había ciudades que deportaban a los niños a su país y creo que Madrid era una de ellas o eso me decían. Y, en cierto modo, yo estuve merodeando por las comisarias. Digo «mira, si me cogen, ya está... mala suerte». Pero cuando ya llevaba allí unas dos semanas o algo así, empecé a sentirme cómodo. Y cuando llevaba un año en la calle empecé a manejar la situación. Empecé a saber vivir de esa manera. Ya no quería que me cogieran, sino que quería quedarme. Ya tenía conciencia de que yo me tenía que quedar aquí porque si después de pasar todo lo que estaba pasando y seguía aquí, es porque tengo que estar aquí. Y ya me empecé a esconder de los policías. Cuando veía algún guardia de seguridad me entraba miedo y me escondía. Y así estuve hasta que me fui a una mezquita y allí escuché que había trabajo en un pueblo de Córdoba... Y dije de irme.

Siempre tenía la referencia de buscar una mezquita porque allí podías pedir cosas a la gente que te solían dar cosas allí: comida, dinero, ropa... y podía preguntar hacia dónde puedo ir o qué hacer. Por eso siempre tenía la referencia. Al llevar todo este tiempo en la calle... empezaba a manejar yo la situación. Sabía dónde tenía que ir a comer, a dónde tenía que ir a beber, como conseguía las cosas... dónde no puedo ir para no meterme en problemas. Empiezo un poco a saber vivir en este circuito de la calle y a veces, este circuito gusta mucho porque... es una libertad. Te da una libertad que es un poco peligrosa porque no te ve nadie. Eres invisible al resto de la humanidad. No te ve nadie. Tú puedes ser como tú quieras, que nadie te ve. Puedes ir sucio que a nadie le importa. Puedes estar sin comer que a nadie le importa. Puedes ir herido que a nadie le importa. Nadie se para a ver, nadie se para a decir «¿Qué te pasa?» Puedes ir como quieras. Incluso puedes ir sin ropa. La gente pasa a tu lado y es como si pasara al lado de algo sin vida. Entonces en esa situación empecé a sentirme cómodo. Me empecé a manejar en la calle y no la calle a manejarme a mí.

Pasé de ser un niño al que todo el mundo abandonaba o al que todo el mundo manejaba... a ser yo el que se maneja a sí mismo, aunque sea en la calle. Entonces, no quería cambiar esa situación mucho porque era la primera vez que yo me sentía dueño de todo lo que hago. No era dependiente de mi tío, ni del traficante, ni de mi padre, ni de mi madre... de nadie, sino que si lo hacía bien o mal era por decisiones que yo iba tomando en la calle. Y a veces sin importar la ley. Incluso si tú en la calle puedes robar no pasa nada. Puedes robar comida, puedes robar a una persona si quieres y no pasa nada. Vivir al margen... te da una libertad un poco peligrosa.

Generas relaciones, pero son relaciones de interés. Todas las personas que tú te encuentras en la calle son porque esperan de ti algo o porque tú esperas algo de ellos. A mí se me daba bien localizar aquellos sitios donde la gente te daba comida y me encontré con un chico que sabía dónde podíamos quedarnos a dormir. Y era como... un complemento. Entonces, generas unas relaciones, pero son todas relaciones de interés y todas son de muy corta duración. Porque la calle no es un sitio donde tú puedas hacer amigos de larga duración porque al día siguiente, ese amigo podía irse a otro lado, estar en la cárcel, en el hospital o estar muerto. Entonces, no llegas nunca a cogerle aprecio a nadie, ni cariño... porque sabes que quizás al día siguiente no vas a volver a verlo o quizás tú al día siguiente no estás. Hacías muchos amigos de un día... de dos... de una semana... poco.

Por mi cabeza solo pasaba sobrevivir. A lo mejor por la edad no era consciente de lo que estaba pasando. Era como... si pasara una situación hoy y al día siguiente se me olvidara. Y al día siguiente solo había que pensar en ese día. Y al día siguiente igual. Todo lo que había pasado ayer, no valía. Solo que era un día más, que hay que sobrevivir y que hay que buscarse para comer, para beber y donde dormir. Hay que protegerse para que no te hagan daño. Durante mucho tiempo estuve yendo con un cuchillo para defenderme. No sé qué hubiera pasado si algún día lo hubiera utilizado. Nunca pasó, pero si a lo mejor lo hubiera necesitado... yo estaba convencido que después de todo lo que estuve a punto de sufrir que, si hiciera falta utilizarlo, yo lo hubiera utilizado para defenderme y nunca sabremos qué hubiera pasado, por suerte...

Con todo lo que viví en Madrid... este hombre, el supuesto amigo de mi padre, me marcó. Pero me marcó mal porque el hecho de encerrarme era porque le estaba chantajeando a mi familia en Marruecos. Le estaba pidiendo dinero a cambio de no entregarme a la policía. Entonces, me marcó para mal... porque... es tráfico de personas... me sentí como una moneda de cambio. Mi padre me dijo «pues yo le mandé mucho dinero a ese hombre porque supuestamente... a ti te hacía falta, te lo estaba dando y que si no, te iba a entregar a la policía». Entonces, me marcó mal. Me marcó para mal, porque sientes que la persona en la que tú confías para que te ayude, juega contigo y te trata como una moneda de cambio. Solo ven beneficio. Le importa poco como estás, lo que llevas pasado, la mochila de sufrimiento que tú llevas... Le importa poco. Lo único que le importa es su propio beneficio.

Aprovechando estas historias de la inmigración... algunas personas solo piensan en su propio beneficio. Y si su propio beneficio es jugar con la persona y con la familia de esa persona, juegan y ya está. Sin remordimiento, sin conciencia... Recuerdo que estando en aquella habitación encima de ese edificio solo había una cama, solo había una cama y... solo la utilizaba él. Todos los demás dormíamos en el suelo, en cartones.

Entonces, era una manera de decirte: «yo soy superior a ti, tú no eres nada. Tú duermes en el suelo y yo duermo en una cama».

En todo el recorrido que llevé aquí en España me fui encontrando de todo... personas buenas, personas malas, personas que te aportan algo, personas que no te aportan nada. En Madrid me encontré con un chico, un chaval marroquí de una ciudad muy cerca de la mía, en Marrakech. Que su padre en Marruecos era médico, una persona que su padre tenía medios, tenía mucho dinero. Y yo a ese chico lo conocí allí. Estuvimos hablando, charlando y recuerdo que era final de año. Era treinta y uno de diciembre del año dos mil cuatro. Y hablando con él le dije que estaba muy mal... de repente, el chico sacó todo el dinero que tenía en su bolsillo y me lo dio. Me lo dio sin pedirme nada a cambio.

– Toma, este es el dinero que tengo. Yo estoy igual que tú. Estoy muy mal. No tengo dinero... pero es lo que he ganado hoy... (porque el también vendía los cd's estos piratas...) y te lo doy a ti. Y espero que te vaya muy bien.

Nos hicimos una foto en la puerta del sol. Se la llevó y ya no lo he vuelto a ver. Pero ese día cené bien con ese dinero. Y, bueno, es de estas veces que te encuentras personas que hacen algo por ti sin esperar más nada. Él a lo mejor llevaba más tiempo que yo aquí. Para mi simbolizó que el habrá pasado por lo mismo que yo. Me entendía, y pensé, lo que nadie hizo por él, pues él lo ha hecho por mí. Me ayudó sin pedirme nada a cambio. Era una persona más o menos de la misma edad que yo. Soy una persona que le da mucha vergüenza pedir y con ese chico no hizo falta. Es como si entendiera lo que estaba pasando. Y me dio todo lo que tenía a cambio de una foto con una persona supuestamente desconocida. Me marcó como persona...

A veces no hace falta pedir, ni esperar nada a cambio. Es hacer algo de manera voluntaria y desearle que alguien que le vaya bien y ya está... es eso. Y si todo el mundo hubiera hecho conmigo eso, quizás yo no hubiera estado en esa situación. Quizás yo no hubiera pasado por todo lo que pase. Si el traficante no me hubiera abandonado, si mi tío hubiera llegado, si mi padre me hubiera preguntado. Si todo el mundo que me crucé en mi vida hubiera hecho lo mismo que ese chico. No esperar nada a cambio. En mi vida a lo mejor no hubiera sufrido tanto...

Para pensar y dialogar

- Como agentes educativos, ¿qué factores de riesgos identificas en la historia de Abdel?

- En un entorno hostil, la supervivencia es su objetivo. ¿Qué estrategias de adaptabilidad u otros aspectos consideras que favorecen los procesos resilientes?

- Saber vivir en la calle: invisibilidad, libertad peligrosa... *"Me empecé a manejar en la calle y no la calle a manejarme a mí"* ¿Qué te sugiere todo esto?

- Desde una mirada de corresponsabilidad social y comunitaria, ¿qué reflexiones hacemos?

Capítulo V
Priego de Córdoba

CAPÍTULO V. Priego de Córdoba

Priego lo recuerdo con... mucha agresividad y más violencia. Yo no me creía capaz de vivir en las condiciones en donde viví y dormí, en el mismo sitio que haces tus necesidades y la carne podrida cruda la tienes a tus pies... y en la misma calle está pasando gente y no pasa nada.

Era muy violento yo no había visto tanta violencia y tanta agresividad nunca. Fue una sensación de abandono total. Ahí sufrí muchísimo, sufrí muchísimo, porqué... quería que pasara algo... que me pegaran, que fuera al hospital, quería que me cogiera la policía, quería volver a mi casa, no quería estar allí más... y encima estaba en la parte de arriba del todo de la casa y era como el último. Ahí no había nadie, porqué ahí no quería estar nadie, esa parte estaba que se caía. Pero me daba igual yo no quería estar con nadie... Priego, significó para mí violencia, agresividad. Ahí es donde me sentí como no valer para nada, que tu vida no vale para nada, que a nadie le importas.

Cuando consigo escaparme de donde me tenía este hombre encerrado, y estar varios días dando vuelta ahí por Madrid... me fui a una mezquita y allí hablando con la gente de la mezquita me comentaron que, en Priego, que era un pueblo de Córdoba, necesitaban gente para trabajar en la aceituna. Yo me enteré que había que trabajar y digo pues me voy, aunque era un inmigrante que no tenía papeles, ya antes había trabajado. Si hace falta gente pues me voy. Me monté en un autobús otra vez y como no tenía dinero para pagar ningún billete, porque valían lo que valían y no podía trabajar para conseguir dinero para los billetes, me colé en otro autobús. Ya sabía el sistema para poder colarme en los autobuses, no era la primera vez que lo hacía. Para venir a Madrid, volver a Almería... ese era mi método de viaje, esperaba al autobús de última hora y me colaba y ya está. Tiraba para la ciudad que fuera. Entonces me colé en uno que iba para Córdoba, que hacía varias paradas por todos los pueblos y tardó muchísimo en llegar, no sé si fueron cinco o seis horas, tardamos mucho.

La calle de abajo

Llegué a Priego de Córdoba, donde trabajaban las aceitunas. Al llegar a ese pueblo pregunté si era el pueblo que me habían dicho... «¿Es Priego?», y me dijo uno de los chicos que venía que sí, y me bajé. Y en la estación nuevamente, cuando llegas a un pueblo o una ciudad siempre hay gente de tu país allí de Marruecos u otro país, y le pregunté si había algún sitio donde podía quedarme a dormir. Me dijeron que había una casa okupa o una casa donde dormía todo el mundo que no tenía donde ir a dormir.

– Vale, ¿me puede indicar? – me indicaron y me fui.

Al llegar a esa casa, era... era un bloque de tres pisos y se ve que hubo un derrumbe o lo que sea y solo tenía las habitaciones. Había un hueco, como si una bola hubiese caído ahí en medio y tenía solo las habitaciones, tenía un hueco y no tenía ni techo ni... y pensé: «uuuf, como voy a quedarme aquí, si esto se puede caer en cualquier momento». Allí vivían como cuarenta personas, muchísima gente. Además, cuando llegué la imagen que te da es un edificio en ruinas, con la ropa colgando de la gente que vive allí. Gente asomada por las ventanas. Si tu abandonabas el hueco donde tenías reservado para dormir te lo podía ocupar otro. Entonces, tú tenías que quedarte en tu sitio o pedirle a alguien que te lo guarde. Uuuf... yo recién llegado con 16 años y ver aquello era como entrar en la selva, otra vez.

Después de todo, pues nada, entré. Para acceder a las plantas tú ibas subiendo por el escombro que había ahí... que no había escalera no había nada, sino de la cantidad de escombro que había abajo tu ibas subiendo a donde fueras de planta. Lo curioso era que cuanto más alto menos gente vivía porque la gente de allí sabía que la parte de arriba estaba mucho peor, entonces preferían que si pasa algo los pille lo más cerca del suelo para salir corriendo. Teorías de la calle. Cuanto más cerca de la puerta estoy para salir corriendo pues mejor.

Las partes de arriba estaban libres y conseguí llegar arriba. Pedí unos cartones porque el suelo era suelo, y bueno, por lo menos los cartones te protegían de no estar en el suelo completamente y me metí en un hueco que quedaba libre. Solté mi mochila. No tenía más cosas y nada, allí pasé la primera noche... no era capaz de conciliar el sueño porque como pasaba en Almería, sentía como las ratas te estaban pasando por lo alto de los pies. Sentía, veía y escuchaba como la gente hacían sus necesidades desde sus plantas, hacían pis o... escuchaba o los veía como... entonces era muy desagradable, era una situación muy muy muy desagradable, vivir allí... era muy desagradable. Además, había un olor a carne podrida... y al preguntar «¿por qué?» me llevó un chaval a ver, y había carne podrida, porque para comer allí las personas que estaban viviendo iban a robar animales a la granja de la zona. Entonces los robaban vivos, los mataban en la casa, los cocinaban allí... y lo que daba tiempo a comer bien y lo que no se podría y ahí se quedaba. Había un olor asqueroso. Entonces tú estabas intentando dormir, con las ratas pasando por lo alto de los pies, la gente haciendo sus necesidades, un olor a carne podrida que ahí no podías dormir, ufff... Yo decía: «¿por dios, que hago aquí?», ... pero no tenía donde ir, era el único sitio donde podía dormir.

En estas, me hice amigo de uno de los chavales que estaba allí, que era uno de los que robaban los animales vivos. Era un chico fuerte. Bueno esa es otra cosa que te enseña la calle. Siempre te arrimas al más fuerte, te arrimas a alguien que supuestamente te iba aportar algo, no te va a quitar. Me hice amigo de ese chico que era 4 años mayor que yo. Me fui con él una noche. Saltaba la valla de la granja. Me acuerdo que esa noche robó un pavo vivo, lo metió en un saco y se lo echó al hombro. Salté primero yo la valla, me lo pasó y saltó él y nos fuimos a la casa. Lo mató, le quitó las plumas y lo cocinó. Cocinamos la carne, comimos todo lo que pudimos la gente que estábamos allí y el resto del animal pues allí tirado en el mismo sitio donde dormía. No, eso no era vida. Estuve allí un mes.

Allí todas las noches había pelea, porque los que traían la comida eran unos pocos y primero comían ellos, la gente que consideraban que comieran, y lo que sobraba para el resto del mundo. Entonces siempre había peleas por la comida, siempre había peleas también por el fuego, porque hacían un fuego para cocinar y había noches que hacía frio y la gente que estaba más lejos del fuego pasaban frio y se peleaban por estar más cerca, pero bueno, ya está. Yo estaba en la parte de arriba, pasaba frío, pero por lo menos estaba lejos de todas las movidas y de todas las peleas. No quería ser partícipe de eso porque sabía que en el momento que eso fuera más grave el que más iba a ser perjudicado era yo, porque era el más chico, el más débil, el último que llegaba a esa casa. Estaba apartado y ya está. Estaba ahí esperando que no pasara nada. Estuve así un mes y todas las noches peleas, peleas, peleas...

Durante el día intentábamos trabajar, pero llegabas a algún sitio para pedir trabajo y me pedían la documentación, como no tenía pues no me contrataban. Encima me veían niño por lo que ningún agricultor quería arriesgar por si venía algún policía y veían a un menor trabajando. Es posible que se metiera en problemas. Luego por las mañanas salíamos en busca de trabajo. Si no lo encontrábamos pues eso... pues robábamos frutas de los campos, entrábamos a los supermercados y comíamos dentro. Abríamos las bolsas de patatas o de dulces, la leche, zumos... como no lo podíamos sacar porque saltaba la alarma y nos pillaban, entonces lo abríamos dentro, nos lo comíamos, dejábamos los restos ahí y salíamos. Y otra manera de conseguir dinero, era a través del robo. Robábamos los botes de colonias. Lo sacábamos del bote, como la alarma la llevaba en la caja por fuera, pues sacábamos el bote de colonia y nos lo llevábamos escondido. Ya en la calle lo vendíamos a las personas que las querían. Me acuerdo que a lo mejor una colonia que valía veinte euros la vendíamos a tres euros, a dos... Sea lo que sea era un beneficio, estaba robado, había que sobrevivir y así era otra de las maneras. Otra manera también era robar botellas de alcohol, quitarle la alarma y venderlo fuera. El alcohol era una de las drogas que la gente que vivía en la calle utilizaba mucho para evadirse de los problemas. Robábamos las botellas de alcohol y lo vendíamos fuera a todo el mundo que estaba en los parques, en las casas okupa... Sabíamos las cosas que se podían vender fuera y eso robábamos, justo lo necesario, para obtener dinero para comer, para ropa o para lo que hiciera falta. Pero robábamos siempre en el mismo supermercado y se dieron cuenta y ya no pudimos seguir haciéndolo más, porque recuerdo que contrataron un guardia de seguridad y ya sabíamos que si lo intentábamos y nos pillaban eso era un problema.

Para no estar solos, formamos un grupito durante el tiempo que estuvimos allí en la casa esa y nos dedicábamos a robar fruta para comer de los diferentes campos. Los animales los robábamos vivos porque no los podías matar en el mismo sitio. Lo llevábamos siempre a la casa.

Íbamos en grupo porque el grupo protege. Yo personalmente sufrí una agresión porque iba solo por la calle y un grupo de chicos me pararon y me pegaron por racismo o no sé, por diversión. Yo sufrí allí en ese pueblo una agresión, me pararon en la calle y me pegaron, entonces, decidí no salir más solo o salir en grupo. El grupo te proporciona protección y también es una manera, no sé... que en ese momento pues bueno, lo utilizábamos... como intimidación. Y no me avergüenzo de decirlo, cuando íbamos a robar comidas o a robar las colonias en grupo, intimidabas más. Una manera de sobrevivir era la intimidación... Pasamos de que nadie nos viera, a que la gente te tuviera miedo en la calle. Era eso o pasarlo mal. No tener comida, no poder tener ropa, pasar frío, morir... Y bueno, era una sensación buena, porque te sentías protegido, pero a la vez me sentía muy muy culpable. No quería formar parte de ese tipo de grupos, pero no tenía otra elección. Era ser yo el que intimidaba, el que asusta o sufrir que te peguen como a mí me pasó. Porque me tiraron al suelo, me pegaron en la cabeza, me pegaron patadas y yo no conseguí entender el porqué. A lo mejor era porque era diferente y ya está.

Después de estar ahí un mes y de muchas peleas, siempre venía la policía a esa casa por las peleas, pero nunca entraban dentro. Siempre avisaban desde fuera o cogían a alguno y advertían a la gente que estaban allí y se iban. Yo no entendía mucho eso. Si aquí hay peleas como que la policía no les da por entrar a ver las condiciones en las que estábamos viviendo aquí. Porque bueno... cuando estábamos en Marruecos, una de las cosas que te vendían allí era que en Europa la dignidad o los derechos humanos de las personas se respetaban mucho, que la persona tenía un valor. Pero cuando llegué aquí no casaba con lo que escuchaba allí, lo que oía allí con lo que estaba viviendo en realidad. Entonces es una gran mentira que nos han vendido de eso allí, que no es esto.

Pero, bueno... salíamos por las mañanas, robábamos la fruta, íbamos a un parque y sentado en el parque se me acercó una chica que era policía. No estaba de servicio en ese momento, pero era policía. Y me preguntó

– Hola, ¿dónde está tu familia? ¿estás solo?

– No tengo familia, estoy aquí solo, buscándome la vida – le respondí.

Como vio que ya sabía hablar un poquito de español.

– ¿Dónde estás viviendo?

– En la casa okupa esa de la calle de abajo –. Porque era una cuesta y la casa estaba abajo del todo. La llamábamos la calle de abajo, porque no sabía el nombre... y la casa estaba ahí, en la calle de abajo.

Cuando se me acercó en el parque no se me identificó como policía, sino que me preguntó y al responderle todo eso, ella me dijo que era policía y que no me metiera en problemas, que si no... Y fue decirle eso a la chica, y a los dos o tres días se formó allí una pelea tremenda por la comida, porque uno le había robado la comida a otro y vino la policía... y ese día entraron. No sé si entraron porque yo le había dicho a esa chica que yo estaba allí o porqué alguien denunció, no sé por qué... pero ese día entraron. Me llamó mucho la atención que justo después de encontrarme con ella, a los días pasara eso y ese día si entraron la policía. Es como si supieran que estaba allí.

Cuando estábamos en la casa, identificaron a todo el mundo. Y me identificaron a mí como menor. El chico con quien íbamos a robar sabía que lo iban a deportar. Lo sabía porque era mayor de edad y no tenía documentación. Recuerdo que yo no tenía ropa porque me habían robado la mochila con todo dentro y entonces iba siempre con la misma ropa. La lavaba por la noche, dormía enrollado en los cartones, y me la volvía a poner por la mañana, estuviera seca o estuviera mojada, esa era la muda que tenía de ropa. Y cuando nos cogieron la policía e identificaron a todo el mundo, este chico recuerdo que me dio su camisa, una camisa rosa y su cinturón. Me dijo que a él seguramente le darían otra ropa cuando llegara a donde sea y que yo quizás no tendría nada y me lo dio. Se lo quitó y se fue con la policía sin camisa y sin cinturón. Le pregunté por el cinturón. Y me dijo – fue muy cuidadoso con los detalles porque sabía lo que era la calle– primero para que tuviera el pantalón bien apretado al cuerpo, porque sabía los temas de abuso, las maneras que había en la calle y segundo porque servía de arma de protección. Que si me sentía que yo iba a sufrir otra agresión, como la que sufrí, era un cinturón de cuero que lo podía utilizar como arma. Al principio no entendía por qué me daba el cinturón.

A mí me llevaron para un sitio y a él se lo llevaron para otro. Ya no lo volví a ver.

El coche patrulla

La policía me llevó con ellos. Y ahí fue donde volví a ver a esa chica, a esa policía. Me llevaron a comisaría y ella estaba allí, pero era una policía diferente. Los policías que me llevaron a mi eran diferentes a los que yo veía en Madrid. Yo la policía la identificaba en Madrid con un uniforme negro, pero yo no sabía que en España había diferentes tipos de policía. Los que me cogieron eran la guardia civil, los que me llevaron. Al verlos de verde, es verdad que yo había pensado que cuidaban el campo, y como nosotros robábamos las comidas del campo, la fruta y los animales, pues eran vigilantes del campo. No sé, eso lo que sonó en mi cabeza, no identifiqué como otro tipo de policía u otro agente de la ley. Me llevaron a la comisaría de la guardia civil, que era el cuartel de la guardia civil. Porque las comisaría siempre lo veía como algo muy grande, y cuando me llevaron me metieron en un sitio muy pequeño. Y nada más llegar, me vio la chica y me reconoció.

– ¿Ya te has metido en un lio? – me preguntó.

– No, no, solo estaba en la casa. Se han peleado unos, han entrado y me han llevado solo a mí. No sé porque no se han llevado a los demás. ¿He hecho algo malo?

– No, tranquilo, se llevaron a los demás porque ellos si han hecho algo malo.

Total, que me senté allí con ella, me preguntó ya mi nombre, mi apellido y me dijo que si yo tenía algún documento que pudiera verificar que yo era quien decía que era, y le dije que «sí». Porque cuando salí de Marruecos mi padre me había regalado una bandolera de estas que iban pegadas al cuerpo. Era una bandolera aquí al pecho. Normalmente, esa se llevaba por encima de la ropa, pero yo lo llevaba debajo de toda la ropa pegada al cuerpo. Lo llevaba pegado al cuerpo por una sencilla razón: porque la sentía, porque si en el momento que se cayera y se me perdiese, así yo sentía que no llevaba nada pegado al cuerpo y podía buscarla al momento, por eso lo llevaba pegada al cuerpo. Primero estaba yo, la bandolera y luego toda la ropa.

Y me preguntó que, si llevaba algún documento y le dije que «sí», que llevaba mi partida de nacimiento y mi certificado escolar de Marruecos. El certificado escolar... porque pensaba que algún día podría servir para algo, que al menos vieran que el último curso que hice en Marruecos lo aprobé todo, que estaba bien. Y sirvió para apuntar mi edad, mi nombre y mi apellido.

También me preguntó que, si había comido y le dije que no, que llevaba muchos días sin comer, que bueno que comía la comida de los animales que robábamos y si sobraba algo comía y si no pues no. Y me dijo:

– Que sepas que a ti te vamos a llevar a una casa donde te van a cuidar... donde vas a estar con otros niños.

Yo no lo terminé de creer del todo, porque eso es lo que me habían dicho siempre y nunca me llevaban a una casa... siempre estaba abandonado en Marruecos; abandonado en Almería; abandonado en Murcia; abandonado en Madrid o intentaban hacerme algo malo. Entonces no me lo terminé de creer del todo.

– Vale, si, lo que tú quieras – digo –. Una casa más.

Me acuerdo que se echó a reír, pero bueno yo también me reí, estaba ya un poco que me daba igual. Al decirle que llevaba tiempo sin comer, me compró chocolatinas y un zumo, porque era una tienda que estaba allí al lado del cuartel. Siguió contándome:

– Lo que ocurre es que el coche que te va a llevar no está hasta por la tarde.

– ¿Por qué?

– Esto es un pueblo pequeño y el coche no está. Cuando venga por la tarde te va a llevar.

– Vale, ¿dónde me quedo ahora?

– Aquí conmigo.

– ¿Aquí dónde? Tú estás trabajando. Yo no he hecho nada malo para estar aquí encerrado contigo en la comisaría. No he hecho nada malo.

– No, no, no, es que tú tienes que estar aquí conmigo y yo vigilar para que no te pase nada malo a partir de hoy.

Entonces sacó un saco de dormir, lo puso detrás de su mesa del despacho y ahí me quedé todo el día sentado con ella. Pasó la tarde, llegó un coche y me dijeron que me llevaban a Córdoba.

– ¿Córdoba? ¿Qué es Córdoba? – Yo cuando estaba en Marruecos solo escuchaba Barcelona; Madrid; Almería, porque estaba mi tío. Y Córdoba... no sé qué es.

– Una ciudad.

– Pero allí, ¿qué voy a hacer?

– Vas a estar en una casa, te van a tratar bien.

Y me llevaron. Pasé mucho miedo porque fueron ellos delante y yo atrás, y me encerraron. Cerraron la puerta y en mi cabeza sonaba... me van a deportar a Marruecos. Pensaba: «me están engañando y me van a llevar al puerto, me van a montar en el barco y me van a devolver». Y pasé mucho miedo. Empecé a llorar y ya me tranquilizó el hombre que venía conmigo. Y le dije que me estaban engañando, que me iban a llevar al puerto, que si podía hablar con la chica con quien estaba antes, que si la podía llamar para hablar con ella. La pude llamar.

– En serio ¿no me van a deportar? – le pregunté – que yo escucho que devuelven a la gente a Marruecos y yo no he hecho nada malo.

– No te preocupes que tú vas a estar bien, a partir de hoy vas a estar bien.

– ¿Puedo confiar en lo que me dices?

– Sí, puedes confiar en mí que vas a estar bien.

Seguimos para Córdoba. Durante ese tiempo en el pueblo estuve solo centrado en que no me pasara nada. Estaba solo centrado en que no me caiga la casa donde estaba viviendo encima, que las ratas no me comerían vivo, es que sentía como las ratas estaban retirando la comida que estaba al lado tuya. Comían en el mismo sitio donde dormía. Esa etapa influyó de manera muy negativa en mí. No era capaz de entender cómo puede vivir así una persona. Decía «esto es muy salvaje». Si he sido capaz de vivir así, es por qué no le importo a nadie. Ahí hubo un momento en el que empecé a perder la fe que tenía en Dios. Siempre he sido una persona de creer, de tener mucha fe, y en ese momento digo, «si dios existe, no sé cómo está permitiendo esto». Estuve a punto de perder la fe y hubo un momento en el que me decía: «si existe algún Dios en algún sitio y está permitiendo esto, no es justo, no es justo».

Pero, por otro lado, el que una persona me dijera confía en mí que va a ir todo bien, me ayudó. Pude confiar en alguien... Es como tener un colchón, un salvavidas... Bueno, si esa persona te mira a la cara y te dice: «confía en mí, que va a ir bien» ... pues confío. Un rayo de esperanza, un poco de esperanza, un poco de ayuda... Aunque fuera mentira en ese momento, pero al menos te alivia que alguien te diga que va a ir bien. Que luego a lo mejor no, pero que en ese momento alguien te mira a la cara y te dice: «confía que va a ir bien». Te aliviaba todo ese sufrimiento, compensaba. Porque cuando estás pasando lo que viví en esta casa, tanta violencia y tanto sufrimiento... y te sientes que no vales para nada, sientes que no le importas a nadie, ni a Dios... ni al que te creó... Cuando te está pasando todo eso, que alguien te mire a la cara y te diga: «oye, mira, va a ir bien», por lo menos te está dando una esperanza, que luego sea verdad o mentira, vale, ya se verá.

Lo de Priego fue como un hecho aislado en mi vida. Es como lo más violento que he vivido. No me aportó nada positivo. Era la primera vez que yo comía carne podrida y cruda, porque es lo que había a mano. No me aportó nada positivo a mi como persona, nada. Al contrario, me convertí en una persona violenta y agresiva porque pertenecía a un grupo violento y agresivo, entonces me dejé llevar. En parte porque me pegaron. Sufrí una agresión física, sin hacer nada, por ir por la calle solo. Me dejé llevar por mi dolor, por mi rencor, y pasé a lo mejor de ser víctima a ser... bueno, ser violento. Robé a gente que no merecía y le hice daño a gente que no merecía, está mal, sí, me arrepiento... sí. Pero ¿lo volvería hacer?... seguramente.

Para pensar y dialogar

· Si sitúas la mirada desde los capítulos anteriores hasta aquí ¿Qué modelos relacionales identificas en contextos de calle? ¿Qué elementos relacionales destacarías como claves en el relato de Abdel?

· ¿Qué estrategias u agentes de resistencia sostienen los procesos resilientes de nuestro protagonista? ¿Crees que son educativos?

· ¿Qué te sugiere esta afirmación *"pude confiar en alguien... es como tener un colchón, un salvavidas"*?

Capítulo VI
Córdoba

CAPÍTULO VI. Córdoba

¿Por fin un hogar?

El camino hacia Córdoba se me hizo muy muy largo, no sé… Nunca volví a hacer el recorrido de Priego a Córdoba en coche y no sé lo que se tarda realmente, pero a mí en ese momento se me hizo muy largo. Llegamos a Córdoba, a una casa que estaba en unas montañas, en una sierra. La casa era muy pequeña y tenía mucho campo, con muchos naranjos, porque me llamaba mucho la atención porque había muchas naranjas. Tocamos la puerta y nos abrió una persona que estaba allí encargada. Se llamaba Mateo. Me acuerdo del nombre porque llevaban todo el camino hablando con él por teléfono, y al abrir la puerta, le preguntaron: «¿Mateo?» y dijo, «sí». Y, le dijeron, «traemos un chico que nos hemos encontrado en una casa en Priego y…». Estuvieron buscando plaza en varios centros de Andalucía y solo encontraron una plaza libre en Córdoba y ahí me llevaron. Lo que decía la chica era verdad. Yo en ese momento empecé a llorar, porque por fin alguien me había dicho algo que se había cumplido…

Lo recuerdo perfectamente. En la mesa había un plato de comida que era arroz amarillo con pollo. Y, me preguntó, qué si quería comer, y no le contesté, porque llevaba mucho tiempo sin comer comida, un plato en condiciones. Empecé a comer, terminé la comida y me pidió la documentación. Yo la llevaba pegada al cuerpo y empecé allí a desnudarme y del olor al desnudarme… Mateo me preguntó si me quería duchar. Tampoco le contesté… Asentí con la cabeza y entré a la ducha… Estuve como veinte minutos sentados allí en el bate, intentado asimilar todo lo que me estaba pasando. Estaba en una casa comiendo. Veía la ducha, el agua caliente, el champú… No me lo creía, llevaba muchos meses sin ducharme con champú. Yo me duchaba con detergente de ropa, porque comprábamos para lavar la ropa y era eso lo que utilizábamos para lavarme el pelo, el cuerpo, era lo que había a mano. Me quedé como veinte minutos viendo el champú, el gel… era como ver el paraíso. Yo me pensaba que esto nunca iba a pasar.

Tocaron la puerta del baño y me preguntaron:

– ¿Oye estás bien?

– Sí, sí, estoy bien, estoy bien.

– ¿Puedes abrir?

Abrí y me dieron un pantalón vaquero azul y una camiseta blanca de estas de interior. Me estuve duchando y salí. Ellos estaban haciendo algo en una oficina que tenían y yo me quedé en el sofá sentado. En ese instante me empezó a venir a la cabeza todo lo que había pasado desde el momento en el que vi a mi madre por la ventana del coche cuando me fui de mi casa. Me empezó a pasar todo eso por la cabeza. Y me empezó a pasar a una velocidad en el que mi mente y mi cuerpo no era capaz de parar. Entonces empecé a temblar, empecé a llorar. No podía parar, era como si tu mente y tu cuerpo dijeran no va a volver a pasar nada más, y me quedé allí un buen rato solo sin poder parar. Vino Mateo y me dijo que si no estaba bien que podía salir a fuera. Entonces salí. Estuve dando varias vueltas por los naranjos y me tranquilicé. Volví a la casa. Me metieron en el despacho. Me pasó un teléfono y me dijo que si quería llamar a alguien.

Y llamé a mi madre. Durante todo el tiempo que estuve en la calle siempre hablaba con mi padre y era la primera vez que hablaba con mi madre, después de un año y tres meses. Quizás ella esperaba una llamada más larga, una conversación más larga, pero no fue así. Marqué el teléfono. El único número que sé de memoria, porque todos los demás los tengo apuntados. Pero el de mi madre me lo sabía de memoria. Marqué, me cogió el teléfono, hablé con ella y… son de estas frases que te quedan grabadas.

– Mamá, que estoy bien, no te preocupes, que por fin mi suerte ha cambiado.

No me preguntó más, porqué yo estaba llorando. Estaba angustiado y ella sabía o sentía lo que me estaba pasando, lo que sufrí. Entonces no quiso indagar mucho o preguntar en ese momento.

– Vale, ¿estás bien?

– Sí, no te preocupes que mi suerte ha cambiado –. Y terminé la conversación.

Mateo se quedó sorprendido, el educador se quedó sorprendido.

– Eres el primer chico que cuando le doy este teléfono me lo devuelve. Casi siempre les tengo que quitar el teléfono a los chicos de las manos. No me esperaba yo esto.

Y tampoco él se esperaba mi respuesta, porque todos los chicos que llegaban a esa casa, y estaban allí eran chicos que no habían pasado todo lo que yo pasé. Entonces yo había madurado a una velocidad diferente al resto de los chicos que estaban viviendo en esa casa. Éramos todos de la misma edad, pero ellos notaban y yo notaba que tenía una madurez mayor que ellos.

– Ahora mismo, en este momento mi madre no necesita saber más – le respondí.

Y ya está. Llegamos por la tarde, comí, me duché y a dormir hasta el día siguiente.

Es verdad que en ese momento me empezó a pasar por mi cabeza todo el año y tres o cuatro meses que estuve en la calle a una velocidad que yo no era capaz de parar por mi mente. Me vino mi tío a la cabeza y comprendí que si el no vino por mí, es porque no podía darme la vida que iba a tener en esa casa, que él no podía asegurarme esas comodidades que esa casa me estaba asegurando en ese momento y prefirió que yo pasara por todo eso para conseguirlo. Comprendí que si no te metes en problemas y tienes una idea clara como la que yo llevaba..., que si no pierdes esa visión al final consigues tu objetivo. Y lo que no comprendí en ese momento es porqué estaban haciendo eso por mí. Porqué me tenían en esa casa, porqué me han dado de comer a cambio de nada. No lo comprendía. Y, a día de hoy, me siguen pasando cosas que no comprendo, cosas de las que sufrí cuando estuve en la calle que no comprendo. ¿Por qué estuvieron a punto de abusar de mí? no lo comprendo; ¿por qué las nueve personas que vivían en esa casa, nadie hizo nada? no lo comprendo; ¿por qué mi padre no preguntó que me pasaba cuando lo llamé? no lo comprendía y sigo hoy en día sin comprenderlo, ¿por qué?... no sé. Espero que algún día alguien me lo explique. Espero que algún día, la persona que me lo tiene que explicar que es lo que detonó todo esto, que es mi tío, pues pueda explicármelo. Aunque yo creo que ese momento no va a pasar.

Al llegar aquí pensaba que ya se había terminado todo lo malo. Que ya todo lo que viene ahora es bueno, pero no. Iba a empezar otra etapa, otra etapa de mi vida. Es verdad que ya no tenía el miedo a donde voy a dormir, donde voy a comer, miedo a si me van a hacer esto o me van a hacer lo otro. Tenía una cama, tenía un plato de comida, pero la experiencia que me dio la calle, de estar siempre pensando en el día siguiente me hacía plantearme y ahora ¿qué va a pasar conmigo? La calle me enseñó eso de sobrevivir un día y al día siguiente tener que pensar que pasa. Cuando estaba en el centro y tenía todas las comodidades, mi cabeza no paraba de dar vueltas. ¿Y ahora qué? Ahora que tienes todo esto... Antes lo estabas buscando y ahora que lo tienes ¿qué?, ¿qué vas a hacer? ¿Cuáles son ahora tú objetivos? Porque mis objetivos eran trabajar y ayudar a mi familia y hasta el momento que estuviera en una casa con todas las comodidades no lo habría conseguido.

Y nada pasaron allí los meses. Mi día a día empezó en el centro y por conocer a todos los chicos. Estábamos viviendo diez chicos en una casa en tres habitaciones, dos habitaciones con dos literas, cuatro en cada habitación y una habitación pequeña con una litera que vivían dos chicos. El educador pasaba con nosotros veinticuatro horas y al día siguiente venía otro y así. Una mujer que venía para hacernos la comida. Una mujer marroquí, que no era especialmente cariñosa, que es una cosa que me llamó la atención, que una mujer adulta y una casa llena de niños ¿cómo no podía ser de otra forma? No es que nos tratase mal. No nos trataba mal, pero la verdad es que había un poco de desprecio, había un poco de hacerte sentir inferior. Pero bueno, era su manera de hacer las cosas, y ya está, no se le juzga.

Estábamos en la casa, mi día a día era eso, te levantabas por la maña-na, recuerdo que los chicos que tenían colegio se iban al colegio y los que no, salíamos al campo que estaba detrás de la casa. Había una especie de casita de madera con un equipo de música. Poníamos la música y allí limpiábamos el campo. Cuidábamos los naranjos. Teníamos sembrados peras, hierbabuena... Otro chico y yo éramos los que no teníamos nada que hacer porque estábamos recién llegados. No estábamos en ningún colegio ni nada. Ese era nuestro trabajo. Al medio día comer, dormir un poco la siesta, descansar un poco y por las tardes clases de español para aprender el idioma. Luego salíamos de paseo, cogíamos el autobús nú-mero diez y nos llevaba al centro de Córdoba para dar una vuelta. Luego a las nueve de la noche cogíamos el último autobús. La casa estaba lejos. Si tú perdías ese autobús tenías que andar como una hora y media para llegar a la casa. Mí día a día, hasta que me matricularon en el colegio era así y en cierto modo estaba echando de menos la calle, porque me aburría esa vida, me aburría muchísimo. Los niños con quienes vivía no sentía que me comprendieran, porque había pasado tanto que mi cabeza pensaba en otras cosas que ellos no. Me sentía fuera de lugar y aunque estuviera con todas las comodidades del mundo, pero me se-guía sintiendo solo. Hacía mi vida paralela, solo, sin hacer mucha vida de grupo. En ese centro no he llegado a tener muchos amigos, he tenido más amigos en la calle que en esa casa.

Es verdad que me costó volver a asimilar que tenía un horario, levan-tarme a una hora, comer a una hora, comer lo que te ponen, te gustara o no. La comida era buena, pero el hecho de que te pongan la hora y la comida pues yo lo llevaba mal. Había vivido un año y tres meses sin normas. Incluso más de una vez me costó, por rebeldía, quedarme sin comida a modo de castigo o estar limpiando el campo que estaba detrás de la casa yo solo, porque insulté al educador o porque le dije algo ina-propiado. Un día le pegué a uno de los chavales. Le pegué, pero incons-cientemente porque nos racionaban el pan. Cada chico tenía dos o tres trozos de pan y ese chico me quitó el mío y me salió lo que había hecho durante todo el tiempo que estaba en la calle: defenderme. Y le pegué con un yogurt en la cara y me echaron a limpiar al campo.

Supervivencia. En esa misma casa, aunque teníamos las necesidades cubiertas, yo no lo entendía así, seguía siendo como la calle, yo lo entendía así, pero no era así. Vivía con un chico en la habitación que tenía problemas para poder controlar la orina, entonces, el chico inconscientemente se orinaba encima por la noche. Yo tenía tan interiorizado el olor, que todas las noches que lo hacía me levantaba con él, sacábamos el colchón a la calle, lo limpiábamos, volvíamos y compartíamos cama, y al día siguiente el colchón se había secado y lo ayudaba. Volvíamos para dentro y ese chico, Amir se llamaba, un chico de Tánger. Me dijo:

– ¿Por qué? ¿Por qué te levantas? eres el único que se levanta.

– Yo viví en sitios donde ese olor era lo normal, entonces yo cuando huelo eso, me levanto – le respondí.

Se lo conté y el chico empezó a reírse y nos hicimos buenos amigos a raíz de eso. Cumplir normas no era fácil para mí, me costó mucho tiempo cumplir normas, respetar al educador, a los compañeros... Yo tenía mi propia ley y mis propias normas. El que no me respetaba a mí yo no lo respetaba a él. Estaba un poco salvaje, sin control.

Otra tarde cuando salimos nos paró la policía en Córdoba en un parque céntrico en Las Tendillas, a Amir y a mí. Del centro teníamos unas tarjetas, que nos las dieron para que nos identificáramos con nuestro nombre, donde vivíamos y si pasaba algo que llamaran al número de teléfono que venía. Nos paró la policía y nos llevaron a comisaría a hacernos un registro y nunca me había sentido tan indefenso, después de todo, porque nos hicieron desnudarnos. Unos niños delante de los policías, para ver si llevábamos algo. Nos desnudamos completamente. No llevábamos nada, nos volvimos a poner la ropa y nos llevaron al centro de menores. Recuerdo un educador que estaba de turno esa noche que se llamaba Julián, que yo nunca he visto una persona defender a alguien de esa manera. Creo que estuvo como una hora ahí hablando con los policías en un tono alto, creo que les puso una denuncia. Tuvimos que ir con él a identificar quienes eran los dos policías que nos llevaron.

Mi época del centro... es una sensación muy rara, muy muy rara. Mi vida estaba bien, a nivel de comidas, de necesidades, pero seguía teniendo la sensación de que no le importaba a nadie. Quitando los primeros días cuando llegué al centro. Nadie volvió a preguntarme que me pasaba. Si estaba bien, necesitaba algo, aparte de comida, bebida y ropa. Yo no necesitaba eso, yo no quería una casa limpia o... Yo quería estar con gente que se preocupara por mí, que me preguntara que me había pasado, que me ayudara a conseguir lo que yo quería. Mi época del centro no me aportó nada de eso, mi época del centro me aportó comer y dormir...

La Fundación "Juventus"

Luego, me llevaron fuera del centro. Me llevaron a una especie de colegio. Yo llegué con 16 aun. Llegué con el curso empezado. Me comentaron: «te vamos a buscar algo, donde te van a enseñar el idioma y algún oficio», dije «vale, vamos ¿dónde es?». Y me llevaron a la Fundación "Juventus".

Al llegar me recibieron dos personas, uno se llamaba Pedro y el otro Alonso. El primero se levantó con las manos así detrás de la espalda, me preguntó cómo me llamaba. Me dijo que ese nombre era muy difícil que me iban a poner otro más fácil.

– No, ese nombre es el que me ha puesto mi madre, y si quiere bien y si no me voy a otro lado – le dije.

– Vale, y ¿qué quieres hacer?

– Me da igual, yo lo que quiero es aprender, me da igual lo que sea.

No sé si sería verdad, mentira o era lo que le decía a todo el mundo, pero siguió diciéndome:

– Aquí vienen solo los mejores, y si tú estás aquí es porque vales, y aquí nosotros te vamos a ayudar.

– Vale, muy bien – esto lo había escuchado mucho.

Yo estaba ya decepcionado de todo y no era mi objetivo. Yo quería llegar a los 18 años, quería salir de esa casa porque me enteré que hasta los 18 no podía salir y ya está, si hay que estar haciendo algo mientras. Y después me dijo: «Ahora vas a conocer a otro hombre que se llama Alonso», y me recibió Alonso, que yo cuando lo vi no creí mucho lo que estaba pasando porque era muy joven, no se diferenciaba mucho físicamente de mí. Y estuve hablando con él.

– ¿Qué vas a hacer? ¿sabes hablar español?

A lo que asentí.

– Entonces te vamos a enseñar un poquito más. Aquí hacemos carpintería, electricidad, aquí ayudamos a chicos como tú.

– ¿Chicos como yo, como qué?

– Que no saben que quieren hacer.

– No, yo sé lo que quiero hacer. Yo quiero trabajar, yo he venido aquí a trabajar y ayudar a mi familia.

– Vale, entonces este es el sitio – me preguntó que si había hablado con mi familia.

– La primera vez que llegué al centro y ya no he vuelto a hablar más – le dije.

Me dio su móvil, un Nokia verde y me dijo que la llamara.

– ¡Te va a salir muy caro! No quiero hacerte perder dinero.

A lo que me respondió que «bueno... es dinero» y cogí el teléfono. Hablé con mi madre mucho rato y nunca me dijo nada. Me lo dejó muchas veces, y en ese momento es cuando te das cuenta que tienes conexión con alguien. Con esa persona sentí conexión, y él conmigo. Sentí esa conexión porque yo a él no le di pena, no me trató con pena y eso fue...

Luego, después de conocernos, me presentaron a los profesores. Otras personas que iban a estar allí con nosotros. No estaban solo ellos dos, estaba otro profesor, que se llama Fernando, otra mujer que se llama Tamara, y un cura que vamos, se dedicaba a enseñar a los chicos que están allí, se llamaba Juan. Entonces, me presentó a Fernando, que era el profesor de electricidad. Tamara que era un estilo como psicóloga, que bueno... porque el grupo que estábamos, lo normal es que surjan unas historias de todo el proceso que llevaba cada uno y cuando uno nos poníamos más nerviosos o habíamos tenido un día malo te sentaba y hablábamos con ella. Y luego estaba Juan, que era profesor de carpintería, el taller de carpintería estaba abajo en el sótano y esos eran los profesores.

Al llegar a la Fundación no tenía mucha idea de lo que iba a hacer allí, a lo mejor decía, esto es un colegio o algo al uso, como todos los colegios. Pero colegio como tal era lo de menos. Es decir, el saber hacer un circuito de electricidad o hacer algo de madera era lo de menos. El que tú aprendas a hacer un corto de electricidad o alguna figurita de madera era lo de menos, era más hablar, desahogarte, las excursiones que hacíamos allí. Yo con los meses me di cuenta que era lo de menos, porque trabajaban otra cosa. Hacían con nosotros otro tipo de cosas, nos trataban a todos por igual, allí estábamos gente de Marruecos, de Rumania, chicos nacionales, y no había un trato diferente, si no que era a todos por igual.

Desde siempre en la Fundación... cuando normalmente en un colegio el desayuno puede durar media hora o veinte minutos, allí podíamos estar desayunando una hora. Bajaba Alonso a desayunar, porque era el que estaba con nosotros un poco de responsable del grupo y bajaba a desayunar con nosotros todos los días. Y cuando estábamos todos desayunando y salía algún tema para hablar, entonces no se cortaba el desayuno para volver a clase, sino que si el tema era interesante se quedaban desayunando y si hay que estar una hora... una hora y si hay que estar una hora y media ... una hora y media. Se le daba espacio a lo más importante, no a lo que hay que hacer. Allí es cuando yo me di cuenta que era diferente, que lo que valía era la persona, más que el trabajo que hay que hacer de papeles, talleres o lo que sea, sino primero se recupera a la persona. Saber que le preocupas, lo que te ha pasado en tu vida hasta llegar allí, ¿por qué has llegado allí?

Ver si el grupo encaja, si hay alguna dificultad dentro del grupo. Éramos inmigrantes o chicos nacionales que no encajaban en el colegio normal porque tienen algún problema de convivencia o de lo que sea. Ahí me di cuenta que primaba más hacer grupo y como puedas salir de la Fundación. Porque es verdad que entrabamos cada uno solo, pero salí de allí con amigos y sabiendo que tenía alguien a dónde acudir.

Durante estos primeros meses mi casa seguía siendo el centro de primera estancia que estaba en la sierra de Córdoba. Allí no hice muchas amistades. Éramos de diferente edad y es un centro donde tú llegas a estar un tiempo para luego ubicarte en otro centro. Estaba ya asentándome bien en el centro y todavía me quedaba algún mes más, porque normalmente el más antiguo del centro es el que sale a que lo ubiquen en otro centro que no sea de primera instancia. Como yo llegué y tenía que salir un chico antes que yo, y salió una plaza en un centro de menores que estaba en una zona de Córdoba un poco peligrosa. Un barrio donde se vendía droga, lo normal de las zonas estas. Y ese chico, no quería ir a ese centro y empezaba a llorar. No quería ir porque decía que ese centro no le gustaba, que allí la gente vende droga y tal. Yo vi esta situación y fui a hablar con el coordinador de la casa de menores, con Andrés.

— Andrés, si este chico no quiere ir a ese centro, aunque sé que no me toca, a mí no me importa ir.

Porque de alguna manera yo ya no le tenía miedo a estar en un centro porque esté en una zona determinada de la ciudad, ya había pasado por esa situación. Estaba cómodo en ese ambiente, sabia controlarlo. Sabía que no me iba a afectar, pero ese chico yo lo vi angustiado, llorando, no quería... y me ofrecí a cambiarme por él.

A pesar de lo que supuso para mí vivir en la calle... pero cuando vi a Yussef y lo vi tan angustiado y pasándolo tan mal, me recordaba un poco a la época de cuando yo llegué, cuando yo salí de mí casa.

En ese momento, la verdad que echas de menos que alguien te diga «venga yo te ayudo, yo hago esto por ti», y vi a ese chico tan angustiado, tan mal, que ni comía desde que le comunicaron que se iba a cambiar de centro. Hablé con Andrés para ofrecerme yo por él y sin problemas. Yo había estado preguntando un poco como era el centro y me decían que era un centro de la última etapa, que normalmente están chicos de diecisiete o diecisiete y medio a punto de salir. Que eran gente un poquito más mayor y que en el centro primaba la autonomía de los chicos, y yo llevaba ya un año solo. Pues ya está, tampoco va cambiar mucho mi vida al estar en ese centro, y me fui allí. Me prepararon para el cambio y me dieron 100 euros, para comprar ropa y me fui. Me llevó un educador que se llamaba Cesar, y me fui al centro, me cambiaron de centro.

Ese centro me pillaba muy lejos de la Fundación... muy lejos. Tenía que coger dos autobuses, salir del centro a las seis de la mañana, coger un autobús, hacer trasbordo en el centro de Córdoba o ir andando, pero un segundo autobús te dejaba más cerca. Tenía que salir a las seis, para poder llegar a las ocho a la Fundación. Y, aun así, cuando me explicaron eso, dije: «pues voy...».

Un centro y un instituto más

Llegamos al centro de menores y llegamos a un barrio destruido, que yo veía las hogueras en mitad de la calle. Es una cosa que me llamó muchísimo la atención, había un coche ardiendo en mitad de una plaza, la gente estaba alrededor, había familias de etnia gitana, y luego con el tiempo vi que eso era lo normal en ese barrio. Eran sus costumbres. Nada, entré al centro y estábamos diez chicos y un educador. El educador no salía de su despacho, y los demás, los chicos que estábamos allí, teníamos que encargarnos de la limpieza de la casa, hacer la comida... Todo por turnos, es cómo, si estuviera en un piso de mayores, de adultos, pero estás en un centro de menores, y ahí, empiezo a entender porque los chicos no querían ni ir a ese centro. En otros centros te lo hacen todo, y allí no. Había otro centro, que le decían el centro de los españoles, que con el tiempo me enteré que era el centro de menores de la Fundación, que era un centro, bueno, con el carisma de la Fundación "Juventus", donde tenían habitaciones individuales, tenían cocineros, que les hacían de comer, hacían algunos turnos de limpieza pero no al nivel de éste. Nada, me metí en la dinámica de la casa, de mis turnos de comida, de limpieza. Me enseñaron el transporte para ir a la Fundación y allí seguí ese curso.

Como yo llegué en noviembre al anterior centro, llegué con el curso empezado y estuve poquito tiempo, estuve cuatro meses. Pero durante esos cuatro meses, mi vida giraba en torno a ellos. Yo salía de la casa a las seis de la mañana, llegaba a la Fundación, y siempre por las mañanas hacíamos "los Buenos Días". Alonso era siempre el que entraba a dar "los Buenos Días". Aquello me llamó mucho la atención, "buenos días". ¿Qué es eso de los buenos días? No era más que un mensaje que se lanzaba por la mañana y que a nosotros nos hacía reflexionar. Casi siempre el mensaje que se lanzaba era que todos, aunque tuviéramos cada uno una nacionalidad, todos somos iguales. Siempre lo repetían. Cuando nosotros cruzábamos la puerta de la Fundación, ya éramos iguales. No valía si tú eras de Rumania, tú eres español o tú eres de Marruecos, ya éramos todos iguales, y a ser posible, esperaban que al salir siguiera siendo así. Al principio nos costó. Al principio salíamos de la Fundación y cada uno hacia su vida y volvían los comentarios, pero poquito a poco, nos han ido metiendo en la cabeza ese pensamiento, tanto que al final nos lo creímos, y es así. Se lanzaba ese mensaje por la mañana, porque entraba mucha gente de otra religión, a un sitio que lo primero que te encontrabas era una cruz y la figura de La Fundación, que era una persona de religión cristiana. Pero el mensaje que nos transmitían era ese, que no nos separe la religión, que no sea un factor de separación, sino algo de unión. Se buscaban los puntos de unión y una de las cosas que te queda marcado -acostumbrado a encontrar sitios donde no querían que yo encajara- es que llegas a un sitio en el que su preocupación era buscar puntos de unión, encontrarnos.

Entonces, entrábamos por la mañana con "los buenos días", hacíamos el taller de electricidad, montábamos el circuito -vamos que era algo sencillo, era lo de menos- siempre estábamos en la clase buscando algún pego[2] para hablar. El profesor Fernando siempre sacaba algún tema, tanto si era de familia como de religión. Era una persona que siempre nos sacaba el tema de la familia, que otro podría decir, no les voy a hablar de familia porque están lejos. Pero él te lo justificaba, decía que de alguna manera, no podías olvidarte de tu familia aunque te duela, y un modo de no olvidarte es hablar de ella. Luego con los años nos enteramos que él tampoco tenía familia aquí y demás. Al final coges confianza con los educadores. Nos contaban situaciones personales que nos acercaba más, empatizas más con él y todo lo que nos decía nos calaba más, porque él hablaba desde la experiencia y hablaba un poquito y se ponía en nuestro sitio, no era un profesor al uso. Eran profesores que te podían aportar algo más, se ponían en tu piel y te miraban con otros ojos. Terminábamos y en el descanso íbamos a desayunar, casi siempre, traíamos los bocadillos de casa o de los centros y lo tomábamos en la cafetería de debajo de la Fundación, compartíamos espacio con el colegio. La cafetería, bajábamos abajo en un horario que no fuera el del colegio, que no es el mismo recreo. Nosotros le preguntábamos a los educadores que por qué no compartimos el mismo recreo y nos dijeron que como nuestro recreo duraba más, nosotros no teníamos necesidad de compartir con ellos ese espacio. Desde la Fundación querían que nosotros tuviéramos nuestro espacio, bajábamos y ahí nos poníamos a hablar, terminaba el recreo y subíamos con Juan.

Con este cura que nos llevaba a por la madera que trabajábamos, que no era una madera comprada, nos llevaba a los contenedores a recoger material que la gente tira y luego nosotros le buscábamos otra forma. Y un día le digo:

– Juan yo no voy a recoger más cosas de la basura.

– Pues hasta de las cosas que la gente tira se puede hacer algo bueno, si no mirad a vosotros, si todo el mundo pensara como estos que dicen

---

2.   En Córdoba (Andalucía), cuando dicen <<esto es un pego>> están aludiendo normalmente a <<tontería, broma, perogrullada, cosa sin importancia>>.

que la gente de fuera o de la gente que no encaja en el colegio no se puede sacar nada, no estaríais aquí – me respondió.

Y desde ese día no volvimos nunca a decirle que no íbamos a recoger nada de la basura. Él decía que podíamos comprar cosas, pero para eso que vayamos a otro sitio que ahí se hacían las cosas de esa manera. Hacíamos carpintería y volvías al centro de menores. Volvía y cuando te tocaba hacer la comida tenías que cocinar para diez personas, poner la mesa, recogerla, fregar la cocina, fregar el salón o lo que te toque, y al día siguiente igual.

Y una anécdota del centro de menores... Veíamos una novela que era de "Frijolitos", pero no por el hecho de ver una novela, es que era de un niño que no sabía quién era su padre. Y tú nos veías a los chavales con diecisiete años, que habíamos pasado por las desgracias más grandes de nuestras vidas, pero estábamos durante dos horas viendo una novela de un niño que estaba buscando a su padre. Era para vernos, estábamos enganchados. Es como si nosotros estuviéramos buscando alguna solución a través de esa novela o buscando a alguien. Todos los educadores que venían a comer al centro de menores se quedaban sorprendidos, de ver cómo personas que habían pasado por todo lo que pasan estuvieran enganchados a esa novela. No lo entendían, pero nosotros lo veíamos así, era como intentar aprender a encontrar a alguien, a lo mejor encontrarnos a nosotros mismos no sé, pero lo veíamos sin darle muchas vueltas. Y ver a gente con diecisiete años casi dieciocho, yo mismo llorando con eso, no tenía mucho sentido, pues, no sé... Éramos niños grandes que tuvieron que crecer de golpe.

Entonces pasé en la Fundación esos seis meses en los que no me dio tiempo a mucho, sino a conocernos, ver la dinámica y poco más, pero fue suficiente para que me enganchara. Entonces terminó el curso y cuando acaba el curso en la Fundación se hace una cena con todos los alumnos, que se llama "la cena de gala". Consistía en que todo el mundo tenía que venir en traje y, si no tenías te lo prestaba quien sea, y te ibas a comer. La Fundación decía, estos chicos que han pasado por lo que pasan, pues un día se visten de traje, elegantes y se van a cenar a un restaurante en condiciones que se lo pongan todo por delante y se lo quiten todo, eso era la cena de gala. Como yo era un poco el rebelde, yo decía que yo no me iba a poner traje, que a mí nadie me tenía que decir que me pongo y que no a estas alturas, ya podía ser el director de la Fundación o quien sea que yo no me lo ponía. Entonces le dije al coordinador.

– Mira, yo no voy a ir a esa cena, si la condición es ponerse un traje, yo no voy.

– Vete a tu casa. Si aquí todo el mundo viene con un traje, y tú no quieres... vete a tu casa.

Me cabreé con él, y dije unas cosas que no tienen mucho sentido, que me estaba discriminando, que yo les caía mal y que tal, cosas de niño. Me dijo que si, que le da igual pero que me fuera a mi casa, que yo no vengo a comer si no tengo traje y me fui a mi casa. Yo en la casa lo estuve pensando, pero era muy orgulloso y yo no iba a llamar. Entonces me llamó Pedro.

– Bueno, aunque tú seas así de cabezón, también te mereces la cena de gala con tus compañeros. Vente como sea, aunque no tengas traje.

Y me fui así como sea. Que luego me dio mucha vergüenza, porque vi a todo el mundo de traje y yo no. Pensé «ostia, me tenía que haber puesto un traje yo también», cosas que le pasa a uno y no lo piensa.

Realmente estaba deseando ir, porque no me quería perder ese momento y porque era como acabar esos pocos meses en la Fundación como mal, con lo bien que me habían tratado. Piensas en esa conexión que tienes con gente y no quería acabar mal, pero también era orgulloso. Por suerte, fui a la comida y nada, estuvimos comiendo, fue una sensación muy agradable. Estar en un restaurante, que yo no había estado nunca, que era la primera vez. Estar en un restaurante, que te pongan de comer, te pregunten qué quieres, te apetece esto, te apetece lo otro, te ofrecen... Empezabas a sentir que hay gente que se preocupa por ti, que se ha comido la cabeza para poder llevarte a un restaurante y que te sientas un poquito normal. Como un chaval de aquí de dieciséis, diecisiete años. Que el hecho de que tú nazcas o seas de otro color de piel o que tú en el colegio no te vaya bien, no tienen por qué tratarte de otra manera. Entonces fue una comida agradable, estuvimos haciendo las fotos allí en el restaurante y había que hacer la foto final de ese momento. Era como la orla. La foto de grupo que luego la ponían allí en una pared de la Fundación y se veía los diferentes grupos que habían pasado por ahí. Me rio al recordarlo. Como yo no tenía traje, se ve a todo el mundo puesto en la foto, así todos bien puesto con su traje y a mí solo la cabeza por el final así asomado. La pusieron en la Fundación, y cada vez que la gente pregunta, «¿por qué ese chaval solo se le ve la cabeza?», le dicen que como no llevaba traje, solo se le ve la cabeza, solo así asomado por un lado. Es un recuerdo muy bonito y así terminamos el curso y nos fuimos. Se acabó el curso en la Fundación y se fue cada uno por su lado. Me quedé yo allí con ganas y me apunté al oratorio del colegio Juventino.

El oratorio

El oratorio es que iba un día, el viernes de cada semana, a estar por las tardes en el patio del colegio. Allí había futbolín, había juegos de mesas y deporte. Estaba como de monitor de tiempo libre, estaba con los niños de ahí del colegio y, a lo mejor, ese primer momento fue un poquito más de estar ayudando, si hay que ir por balones, si hay que montar algo, yo estaba allí ocupado. Yo no podía estar parado, entonces, fue una manera de seguir luchando por estar cerca de la Fundación, aunque sea una vez a la semana iba allí. Porque este fue un sitio que me recibieron de esa manera y como que el cuerpo me seguía pidiendo ir allí. No podía estarme tres meses sin aparecer por ahí. Entonces yo pregunté que podía hacer y me dijeron, que estaba el tema del oratorio, una manera de seguir implicado, una manera de seguir estando cerca de un sitio donde me trataron bien.

Un sitio donde me sentí incluso mejor que cuando estaba en mi casa en Marruecos, porque la preocupación de la gente que estaba allí trabajando era que yo estuviera bien. Me imagino que era con todos los chicos, pero se preocupaban de que tú estuvieras cómodo en un sitio, sentirte bien acogido, que el trato sea igualitario. Yo no me sentía que venía de Marruecos, ni venía en patera ni nada de eso, parece que yo nací aquí. El trato que me dieron era como si hubiera nacido aquí, que mis padres estaban aquí. Es decir, me respetaban el tema de la religión, mis costumbres, normalizar el hablar de tu familia, sin tampoco entrar en el trauma, pero se preocupaban de que yo hablara de mi familia, de mis costumbres allí, de no olvidar quien era. Fue una de las cosas que me hizo engancharme allí, aunque yo estuviera ya aquí y quisiera una vida mejor tampoco te tenías que olvidar de dónde vienes ni quién eres. Era un mensaje que cuidaban, siempre intentaban decirte, que si tú olvidas quién eres nunca llegarás a ser lo que quieres ser. Y con Alonso era siempre un poquito quien nos machacaba mucho con ese tema, de no olvidar de dónde venimos, de nuestra religión, nuestra familia, nuestras costumbres, que intentáramos siempre estar en contacto con todo eso. Porque, aunque llegáramos niños, insistía que no nos dejáramos cegar con la vida de aquí, que era una vida un poquito más cómoda que de dónde veníamos nosotros. Aquí había una vida mucho más fácil y tenías facilidades, pero Alonso siempre era el que estaba más con nosotros y nos tenía eso siempre ahí, es decir, que no nos olvidemos de dónde venimos, ni quiénes somos. Otras personas que intentaban ayudarnos te hablaban y nos decían que nos teníamos que olvidar de los problemas, que ya estábamos aquí y ya estábamos muy bien, eso es lo que nos decían. A lo mejor cuando ibas a alguna cita con alguien, con un psicólogo o los talleres que hacíamos en las casas de menores, pues siempre lo enfocaban por ahí, ya estáis aquí, ya estáis a salvo, ya ha pasado todo. Pero con Alonso era diferente, lo enfocaba de otra manera. Te decía: «si te olvidas de dónde vienes, quizás lo hagas mal y no valoras lo que vayas consiguiendo, aunque sea muy poquito, lo que vayas consiguiendo le das más valor cuando los comparas de dónde vienes, lo que has pasado... y te esfuerzas más». Este era su método para que lucháramos por conseguir nuestros objetivos. A lo mejor, el objetivo podía ser ayudar a tu familia, conseguir que una hermana o un hermano tuviera una vida mejor de lo que tú has tenido, te enfocas más y te esfuerzas más en hacerlo bien cuando tienes ese objetivo. Te marcaba esa línea que él utilizaba con nosotros y nos ayudaba mucho. También, yo creo que es por la cercanía de edad. Él tampoco era muy mayor, tenía no sé si era veintiuno años, nosotros teníamos dieciséis, diecisiete... el lenguaje, el método de cómo te hablaba, nunca me ha hablado como superior, incluso muchas veces, él lo decía, que él no era nadie en comparación de dónde venimos nosotros. Él nos decía que su vida era más fácil aquí, entonces no nos podía tratar de otra manera que no fuera bajarse. Ser más humilde, él no pretendía saber más que nosotros. Claramente sabía más porque había estudiado y porque era tres o cuatro años mayor, pero nunca nos trató con superioridad, ni mandando, ni decir tú tienes que hacer esto porque yo lo digo, no... Siempre era como una negociación. Si teníamos que estar en su despacho dos horas charlando pues lo estábamos. Una vez que estábamos Vadim, un chico rumano y yo con Alonso, que tenía una guitarra siempre en el despacho porque usaba mucho la música y yo no había tocado la guitarra en mi vida, pero cogí la guitarra y empecé ahí a hacer el tonto con Vadim. Vadim ahí tocando las palmas como si fuera flamenco, un chico rumano y un moro, intentado hacer flamenco y estábamos tan bien, estábamos riéndonos. Olvidábamos por ratos los problemas que teníamos, estábamos contando nuestras cosas. Yo decía «esto en Marruecos se llama tal» y el otro chico, «esto en Rumanía se toca así...», Alonso nos repetía que esos momentos eran mejor que estar en el taller, porque estábamos bien y si estábamos bien dos horas allí pues para él ya le valía. Que tú hicieras algo en el taller eso es lo de menos. Me enganché tanto con Alonso que cuando acabó el curso y seguí con el Oratorio yo esperaba verlo más, pero ya lo veía poco, era de manera puntual, no teníamos tanta confianza.

Empezó el curso siguiente y el centro me matriculó en un instituto en una formación profesional, un PCPI de soldadura se llamaba eso. Yo no tenía ni idea de eso. Fui el primer día, nos hicimos allí un grupito de chavales de Marruecos que estábamos matriculados. Yo ya llevaba aquí un tiempo, dominaba el idioma, ya me manejaba un poquito mejor y estaba en ese instituto. Cuando entré por la puerta del instituto y vi allí un montón de gente, un montón de niños, se me vino a la cabeza la diferencia entre el primer día que entré en la Fundación y el primer día que entré en ese instituto. Allí era un marroquí más entre todos los chavales marroquíes que pasan cada año por ese instituto. No me sentía bien, no me sentía diferente, no me sentía acogido y yo quería sentirme como me sentía antes en la Fundación. Entré por la puerta el primer día allí, nos conocimos unos pocos, entramos a clase, y allí es donde ya empezó mi rechazo al instituto. Entramos a clase, era el primer día de presentación de todos los chicos y cuando me tocó a mí decir mi nombre, el profesor como que le costaba aprenderlo. Había gente allí y gente de aquí que tenían algún nombre curioso, yo en ese momento no lo entendí, puedo entender que mi nombre le costara un poquito más. Es normal, pero en ese momento no me entró en la cabeza. En ese momento lo que me vino a la cabeza es que yo entendía que si tú te preocupas por alguien o intentas conocer a alguien lo mínimo es saber cómo se llama, esa es la primera manera de tu llamar la atención de alguien, es llamarlo por su nombre, Antonio o Abdel, pero ese profesor no se quedó con mi nombre ni el primer día ni el segundo. Yo ya al tercer día no quería estar allí más y dije, «yo de este instituto tengo que buscar alguna manera de irme». Hablé con el centro, «mira, yo quiero volver a La Fundación. Yo no quiero estar en el instituto, quiero volver a La Fundación que allí más o menos hacemos lo mismo, también allí te enseñan carpintería y demás». Y me dijeron: «es que a La Fundación van los niños que no encajan en el colegio».

Vale muy bien... muy bien. Voy a buscar la manera de salir del instituto. Total, que me fui al insti, al tercer o cuarto día... entré por la puerta y me fui con los chicos marroquíes, estábamos bajando la escalera, y uno le dice a otro de los chavales que venía conmigo, «moro de mierda» ... digo esta es la mía, aunque no era conmigo, pero esta es la mía, como yo estaba buscando el momento. Y, además, fue a primera hora subiendo por las escaleras. Y ese chico no entendió «moro de mierda» porque no sabía bien español, el único que entendió esa manera de despreciar a alguien por ser de otro país fui yo. Me di la vuelta.

– Oye, ¿qué es conmigo?

– No, contigo no es –. Pero me dio igual y le empujé por las escaleras.

Se cayó al suelo, se hizo daño y vinieron los padres. En el instituto me dijeron que me iban a expulsar un mes. Me expulsaron un mes, pero yo durante ese mes iba a la Fundación. Ahí le pedía a Alonso que por favor hablara con mi centro que yo quiero entrar aquí y me decía «no, que el centro es el que tiene que decir que tú tienes que venir aquí». Al mes me readmitieron en el instituto. Vale, entonces yo lo que hacía durante un tiempo era, no iba al insti y me iba a la Fundación y me quedaba en las puertas. Entonces acumulé tantas faltas, que ya el instituto decía que era reincidente y no sé qué historia. Me preguntaron en el centro de menores, que ¿qué hacían? y yo le dije que yo me iba a la Fundación, que me daba igual, que me mandaban o yo seguía faltando. Entonces, me cambiaron de centro y volví a la Fundación. Y ahí ya fue donde yo quería estar. Era mi sitio.

Crecer en una *nueva* familia

Ya era mi segundo año y los que entraron ese curso eran chicos nuevos y yo era el único que conocía Alonso de ese nuevo grupo. Ahí, con Alonso empecé una relación diferente porque ya era mi segundo año. Hablábamos de más cosas. Entramos en el tema familiar, de porqué llegué a España, le conté la historia de mi tío, la historia de mi familia, porqué salí…

Todo esto empieza porqué llegó un día y yo no hablaba mucho, pero nos quedamos en la Fundación los dos solos. Me dio un martillo y había unas pocas pantallas de ordenador de estos gordos y me dijo que sin hablar me pusiera ahí a romper todo eso. Ahí a lo que me dé la gana a destrozarlo todo. En ese momento le dije:

– Si quieres que lo rompa, lo rompo, pero que esto a mí no me sirve para nada, que esto no va a servir para que yo te vaya a contar ahora mi vida ni que yo te voy…

– No, no, no, que los vamos a tirar, lo rompes y listo.

La cosa es que cuando acabé sirvió, yo ahí desahogué, descargué un montón de energía, descargué un montón de cosas que eché allí… Momentos que me vienen a la cabeza de lo que me pasó, lo descargué en esos ordenadores. Que eso es una cosa que se quedó entre él y yo. No sé si eso estaba bien visto en esa época, ni si rompimos algún ordenador que servía, pero ya está roto. Entonces hicimos eso y nos fuimos a cenar. Me invitó a un bocadillo y ahí le conté. Ahí empecé a abrirme un poco y a contarle mi historia. Y me dijo una cosa que fue muy curiosa.

– Si tu trabajas e intentas estar bien, yo te voy a ayudar. No vuelvas a cometer esos errores, yo voy a ir a tu casa este verano y le voy a decir a tu madre que tú estás haciendo las cosas bien.

– ¿A mi casa? ¿tú? – le dije.

– Yo voy a ir a tu casa, a estar con tu familia, y le voy a decir que tú estás haciendo las cosas bien y que pronto iras allí a verlos –. Cuando alguien te dice que va a ir a tu casa a llevar ese mensaje…

– Si quieres le compramos un regalo–me dijo.

– Mira yo no tengo dinero.

– Compro yo y le digo que lo has comprado tú y cuando trabajes me devuelves el dinero.

Y me quedé así un poco pensando, este tío no está bien de la cabeza.

Yo no podía ir por el tema de los papeles, pero tampoco este muchacho porque se tiene que ir allí, que más le da que yo esté bien con mi familia o que no. ¡Él se iba a gastar un dinero! Que más le da ir o no ir, que yo esté bien con mi familia, que él le diga directamente a mi familia que yo estoy bien…

Me explicó:

– Es diferente que tú se lo digas por teléfono a que yo vaya que estoy contigo, que un profesor tuyo le diga: «tu hijo está haciendo las cosas bien».

En ese momento, nuestra relación pasó a ser más que maestro-alumno, porque ya él siempre buscaba cosas que yo no había hecho nunca. Pedía permiso al centro de menores para ir al cine. Yo no había ido nunca al cine y fuimos al cine. La primera vez, mi primera película una de las cosas que no se me olvidará nunca, vi "Camarón".

Mi primera película en el cine fue Camarón y fue con él. La relación en la Fundación tenía que ser de alumno-maestro, pero fuera éramos hermanos, éramos más que amigos, éramos hermanos. Habló con su compañera de piso y yo pasaba allí todo el día. Yo comía con ellos, veía la tele con ellos, prácticamente mi vida pasaba a estar en la Fundación por la mañana y con Alonso y su compañera por la tarde. Por la noche iba al centro a dormir. Incluso hubo un mes que, el mes del ramadán que él lo hizo conmigo, y comíamos la comida del ayuno, hacíamos la comida, cortábamos el ayuno, y nos poníamos las túnicas nuestras. Un día apostamos que no éramos capaces de salir los dos así a la calle, porque en parte creo que él lo hacía un poco para que yo me sintiera lo más cómodo posible aquí, acogido. Si había que hacer algún pego pues se apuntaba a hacerlo conmigo.

Si había que hacer bromas, yo que sé, cualquier cosa... por ejemplo, nos pusimos las túnicas y había un puesto de castaña, salimos y nos inventamos la historia de que yo era un catarí, que no sabía hablar español e iba a comprar ahí, él me hacía de traductor y demás... E hicimos allí la broma en la calle y nos volvimos. Esas cosas... Yo no había tenido nunca a un amigo. Una amistad que tú dices, este es un hermano... Es mi único hermano. Éramos hermanos que nacimos cada uno en un país diferente. Esa relación nuestra fuera de la Fundación se notaba en la Fundación, teníamos un trato diferente. Cuando él marcaba a lo mejor alguna línea de trabajo en la Fundación, algún taller que hacer o alguna actividad, yo me lo tomaba como que me lo está diciendo un hermano mayor, siempre... Si me lo dice que lo tengo que hacer, es porque es bueno para mí. En mi cabeza no entraba que Alonso me iba a decir, me iba a mandar a hacer algo en contra mía, algo que va a ser malo para mí. Íbamos a conciertos. Me decía: «vamos a un concierto»; yo no había ido nunca a un concierto. Su preocupación de esos meses era que yo hiciera cosas de mi edad, ir al cine, ir a conciertos... Mi primer concierto fue "El Barrio".

Nos disfrazábamos de reyes magos cuando tocaba en época de navidad. Inculcó en mí, esa faceta de seguir ayudando a los demás. Su compañera de piso trabajaba en una asociación que trabajaba con personas con discapacidad y un año no tenían reyes magos y nos ofreció: «oye, ¿vosotros queréis hacer de reyes magos?». Alonso me dijo: «ven, vamos a disfrazarnos de reyes magos, vamos a darle regalos a estas personas». Y ahí fui yo de Baltasar. Recuerdo que me pegó uno de los chicos que estaba allí, porqué se asustó. El llevarme a ese sitio, ver que yo podría ser útil para otras personas, que aunque mi vida ha sido un destrozo desde que salí de mi casa... pero yo podía hacerle a otras personas sentirse bien, me hizo mucho bien.

También me llevó a casa de sus padres, con su familia y eso me dejó a mí un poquito marcado. Porque por mi cultura el que alguien te lleve a su casa con sus padres, con las comidas de sus padres, su mesa, te ofrezca su casa, es porque te siente familia, te siente alguien muy importante. Pues me llevó. Pidió permiso al centro de menores, porque eso había que hacerlo con unos permisos. Que todo esto me hacía pensar a mí, «la cantidad de complicaciones que esta gente está haciendo para firmar los permisos de venir a la visita y para que yo estuviera un rato en su casa». Lo hacían porque les importaba, yo no iba a dar nada a cambio. Hacían todo eso para que yo estuviera allí. Eso sonaba mucho en mi cabeza.

Cuando hacían excursiones... Un día me fui con él y su padre a hacer senderismo, que yo eso no lo había hecho ni con mi padre. Nunca salí de senderismo con mi padre, ni con mi madre. Todas esas cosas me hacían ver que se preocupaba por que yo tuviera la vida de un chico de dieciséis años, que estaba a punto de cumplir diecisiete. Se preocupaba de que yo viviera, aunque fuera de manera acelerada, todas esas cosas. Ir a un concierto, ir al cine, salir con la familia, sentirte apoyado por alguien. Es como cuando tu madre o tu padre, sientes su apoyo incondicional, hagas lo que hagas. Porque yo también he hecho cosas malas, he cometido errores... pero hiciera lo que hiciera siempre tenía el apoyo de Alonso. Yo sabía que eso no iba a caer, y eso me di cuenta en ese momento... de que no lo hacía por pena ni tampoco lo demostraba. Él no hacía las cosas por mí por pena, sino que lo hacía porque sentía que tenía que hacerlo y yo también, sientes esa conexión con alguien.

En todo esto, yo no dejaba de sentir esa presión de que tenía que ayudar ya a mi casa y sentía como que estaba perdiendo el tiempo. Él me decía que no, que si algún día quería ayudar a mi familia, tenía que hacerlo bien. Y no se puede hacer de cualquier manera, porque ya lo he hecho mal en otra época, y me salió mal. Había que hacerlo bien. Y si se tarda un año o dos, se tarda un año o dos, pero que luego el resultado va a durar más en el tiempo. Hay que formarse, hay que estudiar... que luego la Fundación tampoco sacábamos allí algún título oficial de la ESO o del PCPI. No, no, no... era como un paso previo, nos decía Alonso. Era un paso previo a entender que la educación, que el tema de estudiar, que el tema de formarse sirve. Y prepararte para el instituto. Porque él no quería que nosotros estuviéramos allí. Él decía, «yo no quiero que vosotros estéis aquí mucho tiempo, yo quiero que vosotros volváis al instituto a estudiar, como las otras personas y sacar mejores notas que ellos. Que ahora mismo no estáis en vuestro mejor momento, porque no os sentís bien. Algunos por el idioma, otros por carácter, otros porque se autoexpulsan del colegio, pero la idea es volver y demostrarle al instituto o al profesor de turno que tú tengas, que tú eres igual de bueno que el que está allí. Que no es tú momento vale, pero para eso estaba la Fundación para ayudarte a encontrar ese momento».

Y a mí, en parte, la Fundación me ayudó mucho, pero el gran apoyo fue Alonso, porque yo llego un punto en que yo iba a la Fundación por Alonso. Yo no iba allí por hacer... yo iba porque allí había una persona que mi vida realmente le importaba y sin penas. Si me tenía que decir algo me lo decía y con él era diferente. Cuando íbamos a comer yo sentía mucha vergüenza porque siempre pagaba él, y siempre íbamos a comer fuera, yo le decía: «tío vamos a comprar algo y lo hacemos en tu casa». «No, no... – me decía – mi dinero es tu dinero... yo cuando tenía tu edad a mí me gustaba comer fuera, pues tú tendrás que comer fuera». Ahí empecé yo a tener un referente. Ahí empecé a tener yo un modelo a seguir. Antes no tenía, o al menos los modelos que tenía no eran buenos, los modelos que tenía cuando yo salí de mi casa hasta conseguir entrar a la Fundación, no tenía un modelo a seguir. Creo que de allí fue el no encajar en ningún sitio, no tener un modelo positivo, alguien que tú digas: «quiero ser como esta persona». Un referente positivo como se dice hoy en día.

Yo quiero ser como él y algún día quiero servirle a otra persona. Quiero que algún día otra persona se fije en mí por cómo hago las cosas, cómo trato a la gente, el trato era muy importante. Porque a veces cuando estábamos en el centro de menores o los pocos días que duré en el colegio, cuando hablábamos árabe la gente me decía «cállate, no puedes hablar en árabe» o la gente se asustaba. Con él era diferente. Cuando íbamos en grupo y estábamos al lado de un árabe no nos decía: «no habléis en árabe». A lo mejor con los años teníamos que hablar en español, pero en ese momento llevábamos poco tiempo y necesitábamos hablar árabe. Necesitábamos sentirnos a gusto, y que vaya contigo alguien en la calle que a eso le da un trato normal, nos decía: «que la gente se asuste da igual, vosotros es vuestro idioma y si lo tenéis que hablar lo habláis, igual que yo hablo el mío cuando voy fuera». Normalizar el trato. Él nos llevaba a cafeterías y a bares a sentarnos, tenemos que sentarnos en las mesas. Cosas que tú en ese momento no le das importancia, pero eran cosas que no te enseñaban en el instituto. El sentirte que tú eres una persona, que aunque tú llevas lo que llevas encima, tú eres una persona y el mundo te tiene que ver cómo eres, una persona que ha nacido en otro país, que eres negro o eres moreno o tienes el pelo rapado, da igual. Tú eres una persona y hay que verte cómo eres, tus cosas buenas y tus cosas malas. Y estar con alguien que todos los días te esté machacando con ese tema, al final dices: «ostras, ¿cómo yo no lo había visto? ¿cómo yo perdí esa sensación en el camino?». Ahí me hizo a mí la cabeza pensar cuando tenía 17 años. Empecé a cambiar mi manera de pensar y a tener un modelo. Ya encontré como quería ser, una de las cosas que yo no sabía hasta ese momento, qué quería ser y cómo quería hacerlo.

Transcurrió ese segundo año en la Fundación yendo a los talleres – como antes– pero mi época la resumo allí: estar con Alonso, porque era comer con él, estudiar con él y ver películas en la Fundación, que era una manera también de enseñarnos español. Siempre buscaba hacer cosas para que nosotros no nos aburriéramos, ni tampoco estar ahí contando las horas para irnos. Personalmente quería estar allí porque siempre había una persona que estaba buscando cosas para tú estar allí y no estar en la calle o estar en el centro de menores, porque cuando volvías al centro de menores allí nadie te preguntaba cómo te fue o te ofrecía hacer algo. De hecho, al educador nosotros lo veíamos en el despacho y hacíamos vidas paralelas. En el cuarto estás durmiendo, leyendo o si quieres hacer lo que te dé la gana, pero ahí nadie se preocupaba por ti.

Incluso llegaba una hora, el educador decía «yo voy a salir», y había que salir todo el mundo, a lo mejor a la seis de la tarde. Yo no quería salir a las seis de la tarde, pero había que salir, porque él tenía que hacer lo que sea. Él tenía que estar en la casa 24 horas, y nosotros teníamos que salir y buscarnos la vida. ¿Yo qué hacía?, llamaba a Alonso. Digo «mira que estoy en la calle...» y me decía: «vente para mi casa». Yo iba a su casa y todas esas cosas que no hacía en el centro de menores las hacía allí. Veíamos películas, jugábamos a las cartas, salíamos a tomar algo y siempre le decía:

– Tío es que yo no tengo dinero.

Alonso me respondía siempre.

– Mi dinero es tuyo, y el día que tú trabajes, que vas a trabajar y vas a tener dinero, tú me lo vas devolviendo, me invitas y ya no te pagaré más.

Y me sentía aliviado allí. Incluso metió a su compañera en esa relación. Cuando ella iba a comprar ropa para ella, me compraba para mí. Cuando hacían la compra de la comida de la semana compraba contando con uno más. Se compraron un sillón más porque tenían nada más que un sofá y apañaron un sillón más para que yo pudiera estar lo más a gusto posible en su casa.

La mayoría de edad

Fueron pasando los meses e iba llegando mi mayoría de edad. Cumplir 18 años... le dije a Alonso en la Fundación.

– Alonso, voy a cumplir ya mismo 18 años, no tengo trabajo ¿qué voy a hacer?

– Vamos a hacer una cosa, yo te voy a ayudar. Voy a hablar con una persona que te va a ayudar a encontrar trabajo.

– Vale, ¿con quién?

– Mira vamos a ir a un pueblo que he hablado con uno, y demás... – me dijo. Y nos fuimos al pueblo.

Recuerdo que fuimos en autobús y allí mismo me comentó.

– Mira que nos va a recoger mi padre...

Si te paras a pensar, la persona era su padre, porque su padre es un administrador de empresas, tiene una asesoría, conoce muchos empresarios.

– Tío, ¿cómo metes a tu padre en esto?

– Si le digo, hay que ayudar a mi hermano, ¿quién lo va a hacer mejor que mi padre?

Yo me quedé... Cuando él me decía "mi hermano", yo pensaba que era una manera de hablar. No... realmente, estaba ese sentimiento de hermanos. Era como «¡Ostia! ¡Que esta persona ha metido a su padre! Que es quien me tenía que ayudar, responsabilizó a su padre, porque no podía quedarme en la calle». Total, me llevó a un empresario, a todo esto, yo era aún menor, y tenía una entrevista de trabajo en una empresa de cuero, de hacer cosas de cuero. Su padre me dijo: «si te dice ¿tú sabes?... Le dices que sí, aunque fuera mentira, pero tú le dices que sí, que hasta sabes hacer eso y demás, porque es la entrevista. Yo ya hablé por ti y si hay posibilidad te va a ayudar». Hice la entrevista y me quedaban seis meses o algo así para cumplir 18 años. Y me dijo ese empresario, amigo del padre de Alonso, que sí, que me cogía para trabajar. Que iba a presentar la documentación y que cuando salga iba a trabajar allí con él.

Yo no tenía documentación. No tenía porque en esa época creo que la única manera de documentarte era por contrato de trabajo. Daban un permiso, pero si cumplías los 18 años, a los 18 años te quedabas ya indocumentado. Me presentaron la oferta de trabajo, porque tenía que ser una oferta de trabajo de un año en extranjería y tardaba mucho. Entonces entre que se presentó la documentación y demás, yo estaba a punto de cumplir 18 años. Tardaba mucho. Me tranquilizaron. Estuve un tiempo yendo mucho a la casa de Alonso, porque me estaba poniendo más nervioso. Se estaba acercando la época de salir y no tenía trabajo, no tenía dinero, yo estaba dándole vueltas para tener alguna manera de buscarme la vida, y si no era de manera legal había que buscársela.

Salió el permiso de trabajo, pero yo era menor todavía cuando salió. Salió dos meses antes de cumplir 18 años y tenía ya que empezar a trabajar. El trabajo era en un pueblo, en Montilla. De Córdoba a Montilla el primer autobús salía a las cinco de la mañana. Yo no entraba a trabajar hasta las ocho. Salía a las cinco de la mañana, llegaba a Montilla cerca las seis de la mañana y me tenía que esperar dos horas en una cafetería en un bar hasta abrir la fábrica. Me iba a trabajar y al medio día yo no tenía donde comer, porque por la tarde se trabajaba también. Estuve comiendo en un bar, que lo pagaban la familia de Alonso. Yo iba allí, ellos habían hablado con el hombre del bar y le dijeron que iba a venir un chico.

– Se va a comer un menú todos los días, no le cobres nada.

Me lo pagaban ellos. ¿Qué más le da a esta gente que yo coma o no coma? ¡No me conocen!, el que me conoce es su hijo, ellos no... Yo le pregunté y dije:

– Oye Alonso, esto tío, como...

– No, si tú eres mi familia, mi padre es tu padre y mi madre es tu madre, y eso lo harían por mí, si lo hacen por mí, lo harán por ti.

Y lo han hecho, lo estuvieron haciendo durante dos meses. Ahí empecé a sentir la responsabilidad que se generaba de esa relación con Alonso y su familia. Veían que yo podía hacer algo bueno y yo no los podía defraudar. No podía hacer algo mal. Ya de mi cabeza salieron todas esas historias, ya estaba enfocado, porque vi que había una persona, que se implicó, él personalmente y su familia en que yo pudiera salir adelante y además tendría que salir adelante bien... y con esfuerzo. Tampoco me regalaban nada. Es decir, cuando pudiera, iba dando dinero o alguna cosa. Pero yo tenía que salir adelante y tenía que salir bien. Como que me responsabilizó de que tenía que devolverle todo el esfuerzo que él y su familia han hecho, pero con mi trabajo y que yo saliera bien. Fue su manera de hacer las cosas, y le funcionó. Y bueno, estuve así un tiempo hasta cumplir los 18 años.

Y aquí llegó el primer problema. Que no tenía donde vivir con 18 años. Los padres de Alonso ofrecieron que yo fuera a vivir allí en su casa. Pero él dijo que no. Alonso le dijo que no. Y yo le dije: «vamos a ver, ¿no decías que éramos hermanos?». Yo no lo entendía muy bien. Pero él me dijo:

–No, no, no, ... Tú estás trabajando, tienes 18 años, vas a vivir una época en el que tú vas a querer vivir solo y si tú no puedes pagar la habitación o la comida, nosotros te ayudamos, pero tú tienes que vivir tu etapa de 18 años.

Su preocupación era que yo mi etapa de mi vida la tenía que vivir, y si me falta algo, ahí había un apoyo, tanto emocional, como educativo, como económico. Yo salí de una familia, pero él me metió en la suya.

Entonces me fui a un piso de alquiler a una habitación con una familia colombiana. Me buscó una habitación, me adelantó el dinero para pagar y luego se lo devolví, pero me lo adelantó. No tenía nada en esa habitación. Tenía mis maletas y una radio. Una radio. Y una cosa que me pasó en esos tiempos era que no tenía despertador. La forma de despertarme para trabajar, ponía la radio y como las señales de la radio la daban cada hora, estaba entre durmiendo y despierto, no quería nunca llegar tarde. Entonces sonaba la radio, y cuando sonaba las siete de la mañana en la radio ya me despertaba, estaba siempre durmiendo y despierto. No quería perder el trabajo, un trabajo que le había costado a mucha gente que yo lo tuviera, y no quería perderlo. Luego compré un despertador. Estaba trabajando y mi primer sueldo, fueron 500 euros...

Hacía bolsos de cuero. Entonces me dieron 500 euros en un billete. Que le pedí al que nos pagaba que si me lo podía cambiar porque a mí me parecía poco dinero para todo el trabajo que he hecho. Todo el esfuerzo que me había costado el mes trabajando en un billete en un sobre. Me lo cambió y ese fue mi primer sueldo, trabajando por fin con 18 años y recuerdo como lo gasté. Pagué 150 euros de habitación, 50 euros de luz, que ya son 200. Mandé 200 euros a mi casa a Marruecos y me quedé con 100 euros para todo el mes. Que se acabaron a los días. No tenía televisión, no tenía grandes cosas, pero no me importaba porque todas las tardes quedaba con Alonso que era mi amigo y charlábamos. Podía por fin ayudar a mi madre, a mi casa. Ya servía. Mandaba el dinero a mi casa y no me importaba incluso mandarlo todo. No me importaba quedarme sin nada porque el objetivo ya lo estaba consiguiendo.

Para pensar y dialogar

- En ocasiones, la dignidad de las personas se simplifica hasta alcanzar el punto de desaparecer ¿Por qué crees que se ha desdibujado dicha dignidad?

- ¿Qué estrategias socioeducativas son claves en el acompañamiento educativo con juventud en contextos de vulnerabilidad social?

- ¿Qué elementos de apoyo social identificas? ¿Crees que hay relación entre el apoyo social y los procesos resilientes?

- ¿Qué te sugiere la frase *"ahí empecé a sentir la responsabilidad que se generaba de esa relación con Alonso y su familia"*?

Capítulo VII
Montilla

CAPÍTULO VII. Montilla

Una radio y un trabajo

Cuando empiezo a trabajar en Montilla y a mandar dinero a mi casa, mi madre me estaba diciendo que no me creía mucho, que yo estuviera trabajando y con documentación, aunque yo le mandara el dinero, no se lo creyó mucho. Ya llevaba aquí 4 años y todavía no bajé a mi casa. Lo hablé con Alonso y dada mi situación, me dijo que iba a ir a mi casa.

Él tenía ganas de ir a Marruecos, pero nunca se había ido. Antes de que se fuera nos fuimos a comprar un regalo, no sabíamos que comprar y al final compré un reloj. Se fue de viaje a Marruecos y unas de las etapas del viaje era Marrakech. Yo esperaba que se encontraran en una plaza famosa de allí, que se viera con mi madre, le contara que estaba haciendo las cosas bien, le diera el regalo, una carta que le escribí y ya está. Que él siguiera con su viaje y ellos se fueran para la casa. Pero cuando se conocieron le invitaron a la casa a comer y lo que iba a ser un viaje de un día, duró una semana. Estuvo una semana con mi familia. Se comunicaba con mi madre por señas, porque no hablaba ni español, y con mi hermana un poquito en inglés. Así conoció un poquito más la situación de mi casa, mi familia, mis padres, mis hermanas que eran pequeñas. Cuando él volvió, era más consciente de mi situación. Ese vínculo que teníamos era más fuerte todavía, me apoyaba más. Y esa fue la primera vez que él estuvo en mi casa.

Mientras, en Montilla, los primeros meses me levantaba con la radio, luego compré un despertador, me iba al trabajo; al medio día salía a la una y media; volvía a comer a mi piso; entraba a trabajar a las tres y media y salía a las siete. Y así estuve un año...

Luego, los fines de semana quedaba con Alonso o me volvía a Córdoba al Oratorio. Todos estos gastos los pagaba ya de mi dinero, me quedaba en el piso de Alonso en Córdoba e iba al oratorio. Me acostumbré a seguir yendo a la Fundación, aunque sea fin de semana y no estuviera nadie, incluso había días que yo faltaba al trabajo para ir a Córdoba y entrar en la Fundación a saludar. Me inventaba cualquier historia como que tenía que ir al médico o lo que sea y me iba a la Fundación. Y en verano que teníamos el horario cambiado, salía de trabajar, me gastaba el poco dinero que tenía en coger el autobús y me iba a Córdoba, llegaba a la Fundación, estaba por ahí saludando y por la tarde volvía a Montilla. La Fundación "Juventus" se convirtió... era como volver a casa. Estar allí con Fernando, Alonso, Pedro, con Tamara, estar hablando, estar recordando y viendo las fotos; tomarnos algo en el bar donde desayunábamos nosotros cuando estábamos allí estudiando. Era como revivir esa época que fue muy bonita. Volver a decir «aquí, en este sitio, hicieron de mí una mejor persona». Y ahí se cumplió el mensaje que nos lanzaban todas las mañanas, que cuando salíamos de la Fundación éramos mejores personas y servíamos más que cuando entrábamos. Y fue así. De tanto decírtelo y hacer cosas contigo, al final te lo crees, y cuando tú crees en algo, lo conviertes en realidad.

Yo vivía al día. Tenía mi idea de ayudar a mi familia, pero no tenía proyectos para mí. Me empecé a preguntar «¿y yo qué? ¿qué quiero ser? ¿qué quiero hacer? ¿cómo quiero ser con treinta años? y ¿con cuarenta?». Esa época del centro de menores y en parte gracias también a mi época en la Fundación y con Alonso... porque a lo mejor si no hubiera compartido esa época con él, muchas cosas no hubieran pasado. Hubiera seguido viviendo el día a día al no tener ese modelo. Cuando dejé de ser ese chiquillo y cumplí 18 años empecé a preguntarme «Abdel, ¿qué quieres hacer? ¿para qué sirves? ¿a quién vas a servir? La parte de ayudar a tu familia la tienes cubierta, porque ya estabas trabajando y les puedes ayudar, pero luego ¿qué?». Ese aspecto me lo dio esa época. Ver que yo podría hacer o servir para más cosas que hacer bolsos de cuero. En mi cabeza empezaban a entrar temas como el voluntariado que hacía, pensaba en temas de ayudar a los demás. Poder utilizar lo que me pasó a mí. Ver lo que vi, tema de abusos tanto físicos como sexuales, de drogas, de violencia, el extremo de ver esa violencia. Que, si yo todo eso lo transformo en algo positivo, sería decir, «¿qué puedo sacar de eso?

¿para quién puede servir lo que a mí me ha pasado? ¿para quién puede servir que no le vuelva a pasar o que al menos vean que se puede salir de allí?». Haciendo las cosas bien y teniendo alguien que te apoye de manera incondicional, que te haga sentir bien. Sin pena, porque mucha gente no diferencia. Desde ahí no ha funcionado nunca. Pero que alguien como Alonso te ayude siendo tú el que pone la primera piedra, es una de las cosas que en todas las personas que he ido encontrando nunca lo han hecho conmigo, ni siquiera mis padres. Yo necesitaba que alguien me dijera «tú vas a hacerlo, pero tú vas a poner la primera piedra». Ese aspecto es el que a mí me cambió... «¿Puedo hacer lo mismo por otra persona? ¿puedo llegar a servir para algo más que no sea hacer bolsos de cuero? ¿cómo hacerlo?». Y ahí empecé a pensar «¿Cuál es la primera piedra que hay que poner?». Y la primera era obtener la ESO.

Le comenté a Alonso.

– Oye yo quiero estudiar ¿Cómo puedo hacerlo? – le pregunté.

– En Montilla hay colegios que abren por las tardes. Vamos y nos informamos. Si se puede hacer, lo haces y, si no, ya estás trabajando.

Y nos fuimos al colegio a preguntar si me podía sacar la ESO. Con la información, lo más difícil era cuadrar el horario del trabajo con esto. Había que entrar a las cinco de la tarde y yo salía a las siete.

– Poder se puede, pero vas a tardar más, si tú realmente quieres sacártelo– me dijo Alonso. Él para mí era como un consultor, como un hermano mayor.

Le pregunté – ¿Va a servir la ESO para algo?

– Hombre claro, vas a saber más, no sé lo que vas a hacer en tu vida, pero vas a saber más que sin la ESO.

– Entonces lo hacemos – contesté.

Me matriculé para después del verano, con el nuevo curso, al año y medio de estar trabajando. Durante ese año yo salía de trabajar y volvía a casa, porque tampoco tenía muchos amigos allí en Montilla, iba muy solo siempre. Y el colegio estaba cerca de mi casa. Esas ganas que en la Fundación tenía de aprender y seguir sacando todo lo que yo tenía, tanto en mi cabeza como a nivel emocional, se quedó allí. Porque ya estaba trabajando, era mi objetivo, también con 18 años tú tienes que mantenerte. Nadie te va a seguir pagando las cosas como en el centro de menores. Me tenía que seguir manteniendo, pero tampoco quería dejar de estudiar. Porque el modelo a seguir que yo elegí, que quería ser, solo valía estudiando. Le preguntaba a Alonso «¿tú cómo has hecho esto? ¿cómo has acabado trabajando aquí?». A lo que me respondía que «estudiando». Esto me hacía confirmar que «yo también quería estudiar». Sin duda, la ESO era la primera piedra que me acercaba a ese modelo a seguir y esa piedra había que colocarla.

Bajarme del autobús

Durante mi estancia en Montilla, llevaba menos de un año trabajando y no tenía vacaciones. Mi madre insistió mucho en que yo tenía que bajar, ya llevaba muchos años sin verlos y me hizo sentir como que le estaba mintiendo. Ella me dijo:

– Tú me estas mintiendo, tú no tienes papeles.

Y para demostrárselo, solo valía que fuera.

– Mamá, no tengo vacaciones todavía, ni tengo dinero.

– Si no vienes, es que me estas mintiendo.

Le pedí a mi jefe que necesitaba vacaciones para bajar a mi casa, que mi madre me estaba presionando para bajar, pero me explicó que no me pertenecían. Entonces, hablé con el padre de Alonso, como lo conocía, le expliqué la situación y habló con mi jefe y me dio una semana de vacaciones. Yo llevaba aquí cerca de cinco años sin bajar. Todos los medios de transporten eran caros. El barco era caro, el avión era caro, lo más barato era el autobús. Digo: «el autobús sale de Málaga y sale a las cuatro de la mañana, todos los miércoles a las cuatro de la mañana... ¿cómo llego a Málaga?». Llamé a Alonso.

– Oye, ¿me puedes llevar a Málaga para coger el autobús que me lleva a mi casa?

Nos fuimos por la noche, nos quedamos a dormir allí en un parque frente a la estación de autobuses, porque no queríamos arriesgarnos a salir con la hora justa, por si pasaba lo que sea. Y al día siguiente, a las cuatro me monté en el autobús. El viaje dura diecinueve horas hasta llegar a Marrakech, porque sales de Málaga, llegas a Tánger y allí nos dividen según ciudades, todo el recorrido son diecinueve horas.

Fue un viaje muy largo. Y en todas esas diecinueve horas, yo estaba pensando que era la primera vez que yo iba a pasar con documentación por la frontera. Estaba muy nervioso, de hecho, cerré mi maleta muy bien, porque decían que si te meten alguien algo en la maleta te van a coger y te van a llevar preso. Una maleta que estaba llena de peluches. Compré un montón de peluches y botes de gel. Lo único que llevaba, cosas para ducharse mi familia y juguetes para mi hermana. Pasé la frontera y la siguiente era la frontera de Tánger. En la que me quedé. Era revivirlo todo. Llegamos a las nueve de la mañana y me quedé sentado allí un rato, pensando y fijándome en los niños que estaban pasando por ahí. Algún niño de estos está pasando con pasaporte falso, algún niño de estos va a pasar lo que yo pasé. Y me quedé ahí un rato.

Llegaba la hora de coger el otro autobús, desde el aparcamiento de la aduana hasta Marrakech, parando en todas las ciudades. Y en cada ciudad que paraba se bajaba la gente y yo veía como los familiares los recogían y les daban un abrazo. Estaba nervioso por ese momento. Estaba pensado «cuando llegue el mío, ¿cómo será? ¿qué pasará?». Estando a una hora de Marrakech llamé a mi madre con mi móvil. Y como yo llevaba el número de España a ella le salía el número de allí, con el prefijo 034 tal...

– Mamá estoy a una hora de casa, necesito que alguien venga a recogerme – le dije.

Y ella me respondió:

– Me estás mintiendo porque me está saliendo el número de España.

Intenté explicárselo, pero no me creyó, de hecho, no vino a recogerme. Aunque se lo perdono porque es mi madre, que yo pisara Marruecos por primera vez y que mi madre no estuviera allí para recogerme fue un momento muy muy duro... Total, que llamé a mi hermana y le dije:

— Fátima, necesito que vengas a recogerme, porque mi madre no me cree....

— Vale, yo voy, ¿dónde?

— A la estación de autobuses es la primera vez que voy, no sé dónde es... — contesté.

— Voy a hablar con papá y vamos... — me dijo.

Yo no sabía dónde estaba la estación de autobuses, porque cuando salí de Marruecos lo hice desde la estación de tren.

Llegó el autobús, me quedé el último de todos, porque estaba nervioso y no quería bajar. Me preguntaba: «¿habrá alguien ahí esperándome?». Bajé del autobús, y me puse delante de mi padre, que no me reconoce... Yo lo estuve mirando a la cara y él me miraba a mí, pero no me reconoció.

Y en parte lo entiendo, porque yo comparando fotos, no era la misma persona, pero en ese momento no lo entendía. Entonces mi hermana me ve, porque mi hermana estaba en la otra puerta del autobús, para ver por donde bajaba y yo bajé por la que estaba mi padre, pero él no me reconoció. Ella dio la vuelta al ver que no quedaba nadie, y sí me reconoció. En ese momento mi padre se dio cuenta también. Nos saludamos... Mi padre se quedó sin palabras, no me dijo nada más. Se me quedó mirando y todo el camino del taxi hasta la casa, una media hora, solo me tenía cogía la mano sin hablar. Como si no se lo creyera que estaba allí físicamente. Llegué a mi casa a la una de la mañana. No había nadie en el barrio. De hecho, mi familia estaba viviendo en ese momento en una casa en alquiler en un barrio un poco peligroso. El taxista nos dijo: «os voy a meter hasta la puerta la casa porque no me fío». Y yo me quedé pensando: «¿dónde está viviendo mi familia?». Ahí me hago consciente de lo que se pueden permitir en ese momento.

Tocamos a la puerta y no bajaba mi madre... Subo las escaleras... y ahí sí se lo creyó. Tanto se lo creyó que su primera reacción fue pegarme. Se creía que la estaba mintiendo o algo. Nos saludamos, me dio un beso, estuvimos hablando, era la una de la mañana y nos quedamos hablando bastante rato. Y cuando estaba saludando a mi madre, de repente veo a una niña en la esquina de la habitación, que era mi hermana pequeña, que no sabe quién soy yo. No se acercó a mí, no sabía quién era. Era un extraño para ella, ella no me recordaba. La dejé con unos años y la encontré con otros. Cogí de vacaciones una semana y me gasté cerca de dos días en el viaje de ida, y había que gastar otros dos de vuelta. Tres días son los que pude estar con ellos después de cinco años. Estuve un día en mi casa, un día en casa de mi abuela, y un día en la casa de la persona que me recogió en la estación de Almería cuando mi tío me dejó tirado.

Fui a casa de sus padres para darle las gracias personalmente. Estuve en esa casa, compré algunas cosas, algunos regalos y me fui a la casa de sus padres. Él no estaba, estaba en España, porque sus padres también le dijeron: «oye tienes que ayudar a este chico». Les di las gracias y estuve con ellos un día. Fueron tres días que pasaron muy rápidos, muy, muy rápidos... Tengo recuerdos muy fugaces: estar comiendo en casa; hablando con mi madre; luego vienen los vecinos a saludar y a tomarte algo; tomé algo con un tío mío y con mi hermana. También me hablaron de una persona (Alonso) que estuvo allí y que les dijo que yo iba a volver. Más que nada, me dijo mi madre que le dijera a Alonso, que si cumplió su palabra con ella. Porque realmente no tenía mucha confianza, no tenía mucha fe en eso. Estar tomándome algo por primera vez después de tanto tiempo de estar fuera y tener que prepararme para volver. Tres días, después de cinco años... volver es muy, muy, muy duro.

Recuerdo que tenía que volver otra vez a las cuatro de la mañana y hacía frio. Hacía frío y como yo llevaba la maleta llena de peluches y de juguetes, no llevaba suficiente ropa y no llevaba chaqueta. Mi padre me dio una chaqueta suya de cuero. Se la quitó y me la dio... Me dice: «toma que hace frío». Y me monté en el autobús de vuelta.

Lo peor vino ahora, cuando tenía que volver. Me monté en el autobús de vuelta y tengo una imagen grabada en mi mente... mi madre, mi hermana, mis tías y mi padre despidiéndose con la mano. Me recordó a cuando yo salí de mi casa en el coche rumbo a Tánger, el momento que yo volví la vista atrás y vi a mi madre en la carretera mirando como ese coche donde yo iba se estaba alejando. Era la misma estampa, cinco años después.

De alguna manera diferente, porque vuelvo ya con mi trabajo y mi casa, pero la sensación mía a nivel emocional era igual, porque no me dio tiempo a estar en mi casa, a desahogarme, a hablar con ellos, a contarles lo que me pasó. Me quedé con ganas, se me quedaron ganas de hablar con mi madre. Y me pasé las siguientes diecinueve horas entre llorando y secándome las lágrimas. Porque en mi cabeza estaba pasando lo que viví esos tres días: mi padre no me reconoció, mi hermana pequeña no me reconoció, no me dio tiempo a estar en mi casa, no me dio tiempo a disfrutar de mi familia... y ahora hay que volver, porque hay que trabajar. Encima un trabajo en el que te pagaban muy poco, con todo el esfuerzo que tú haces.

Entonces llegó el autobús al barco y me subí arriba, en la parte de atrás del ferry. Me senté allí en un banco que hay con la documentación en la mano y mi cabeza estaba pensado: «¿y si la tiro y vuelvo a mi casa?». Porque quería volver a mi casa. No me dio tiempo realmente a estar. Mi cabeza solo pensaba que yo tenía que estar con mi familia, no pensaba en el después, en estudiar, el oratorio o en trabajar. No pasaba eso por mi cabeza. Por mi cabeza pasaba volver a mi casa. «Si lo tiro y vuelvo ¿qué pasa?». No sabía qué hacer. Entonces cogí el teléfono y llamé a Alonso.

– Mira, no estoy bien, voy a volver muy mal. No he estado apenas en mi casa... y ahora tengo que volver a trabajar.

– Si quieres volver a tu casa vuelve... que por dinero no es, que si te hace falta dinero, yo te ayudo con el alquiler, con la comida. Pero si quieres volver a tu casa, vuelve a tu casa. Pero que sepas que tú aquí has iniciado unas cosas que te dije que te iban a costar. Es un camino largo y si vuelves a tu casa muy bien, pero si vienes aquí, aquí también tienes a tu familia. Te puedes venir a casa, puedes estar un tiempo, hasta que te recuperes – me dijo.

Me vine a España y me fui a su casa un tiempo. Estuve allí con su familia, estuvimos hablando y tardé como dos meses en volver a mi ritmo. En esos dos meses no hablaba en el trabajo con nadie, solo iba a trabajar y volvía a casa, trabajar y punto.

La ESO, mi primera piedra

A los dos meses recuperé ya el ritmo, como estaba matriculado en el colegio en frente de mi casa volví a los estudios. Iba a trabajar hasta la una y media, tenía un descanso cuando volvía por las tardes llevaba la mochila a la fábrica. Al instituto llegaba a las siete y cuarto de la tarde, porque a las siete era el recreo y duraba un cuarto de hora. Llevaba ropa para estar mejor vestido, porque en la fábrica trabajábamos con una bata. Todas las tardes me decía la gente allí: «¿tú por qué vienes arreglado por las tardes?». A lo que solía responder que era porque me gustaba.

Tampoco quería dar muchas explicaciones porque si al día siguiente llegabas cansado, (porque tenía que ir al instituto, salir a las diez y media de la noche, cenar, preparar las cosas del día siguiente) lo normal era que al día siguiente yo llegara cansado. No quería perder el trabajo por estar estudiando. Siempre me inventaba una historia.

En medio de todo esto, uno de los días me llama mi hermana y me dice: «me quiero casar con un hombre veinte años mayor que yo». Mi hermana tenía veintitrés años y se casaba con un hombre que tenía cuarenta y tres años. Me decían que yo tenía que decidir. Ahí es cuando yo realmente dije: «tengo que decirle algo a mi hermana para que ella sea la que tome la decisión y no yo por ella, que al final es la que se va a casar». Y me sirvió mucho el estar aquí en España, porque en todo mi proceso hasta los diecinueve años yo había pasado de ser alguien en mi casa en Marruecos, a no ser nada, a que la gente no te viera cuando estaba viviendo en la calle, a comer basura... Le dije: «que como hermano suyo o -como según ellos me decían- como el hombre de la casa que tenía que tomar la decisión, que era su vida y que, si ese era el hombre que ella había decidido estar con él, que muy bien y si le sale mal que también estaba aquí su hermano para ayudarle».

Y gracias a Dios le salió bien, pero ese fue el momento que a mí me cambió. El decir ya no soy un niño. Que ya lo sabía, pero el que mi decisión afectara a la vida de un ser querido mío, me hacía repensar mucho. Y no quería equivocarme. Entonces ahí cambié, vi que con diecinueve años tocaba tomar decisiones por la familia y que todo el mundo en la familia esperaba de ti la respuesta justa. Tu madre, tu hermana, tu padre. Cuando hay algo que no saben decidirlo, te llaman a ti: «oye, ¿esto cómo lo hacemos?», y tú tienes que tener la respuesta justa y si no la tienes, la buscas. Y si sale mal es culpa tuya.

Entre tanto seguía estudiando y el primer año llegaba solo a la mitad de las asignaturas. Aprobé el primer módulo en un curso y el siguiente módulo lo hice en el siguiente curso. Durante este año tenía muy poco tiempo para estudiar, tenía que llevarme los apuntes al trabajo. Tenía una mesa de trabajo, y trabajábamos con piel y cuero, pues lo ponía en lo alto de la mesa. Lo tenía tapado, por si venía algún jefe, con las pieles. Mientras cortaba las piezas de cuero a mano, estaba viendo los apuntes. Y cuando no me enteraba de algo de lo que ponía allí, como era una empresa muy grande y había costureros, diseñadores... y me llevaba muy bien con un diseñador, cuando no me enteraba de algo le preguntaba: «oye, ¿puedes bajar? ¿esto cómo se hace?». Y me decía: «pues se hace así...». Incluso recuerdo la primera pregunta que le hice. Yo no sabía leer los números romanos, lo que significaba la X, los palitos, la V. Me acuerdo cómo me lo explicó, me dijo: «si lo pones a un lado lo tendrías que sumar y si lo pones a otro lo tendrías que restar. Tú tienes que aprender que significa la X, el palito, la V y si lo pones a la derecha lo tendrías que sumar y si lo pones a la izquierda lo tendrías que restar».

Sin embargo, incluso en Montilla tuve muchas dificultades cuando estaba sacándome la ESO, porque eran ya personas adultas y seguían metiéndose conmigo por ser de otro país, pero ahí ya no podía yo auto expulsarme, ni pegarle a alguien, porque sabía lo que eso supone a nivel legal. Una denuncia y tener un problema. Pero si les demostré a ellos que yo era mejor, sacaba mejores notas. Todas esas personas que se mentían conmigo, yo les decía: «no te preocupes que al final de curso yo te demuestro que yo soy mejor que tú». Además, es que uno de los chicos que se metía conmigo por el apellido. Su padre era guardia civil y a mí me intimidaba mucho eso. Pero, también, le dije: «no te preocupes, que a final de curso yo te voy a demostrar quién es el mejor, aunque tú hayas nacido aquí y tu padre sea guardia civil», y así fue.

Con el primer curso aprobado decidí hacer un segundo viaje a Marruecos. Quería que fuera algo sorpresa y no contarlo en casa. Como el primero duró solo tres días yo quería esta vez hacer algo especial. Tenía veinte años. Ya había pasado el momento de que mi hermana me pidiera permiso para casarse. Yo me sentía ya con la decisión sobre la familia de poder tomar decisiones importantes. Y bajé. Y lo que encuentro es a mi padre borracho, pegándole a mi madre. Ese momento fue muy, muy crucial en mi vida porque Europa o España me enseñó que el respeto a alguien, te lo tienes que ganar. Entonces, cogí a mi padre con los brazos estirados hacia delante y los puños cerrados y lo bajé desde un tercero hasta que lo eché a la calle. Le dije: «que sepas que me voy a volver a España porque si yo me quedo aquí vamos a tener un problema más grave. Recoge tus cosas y que sea la última vez que pasas aquí una noche». Y se fue durante un tiempo de casa porque yo le había dicho que se fuera. Y a la noche del día siguiente volví para España. Iba a hacer un viaje largo sorpresa y duró dos días... Y eso fue un momento muy, muy crucial en mi vida. Echar a tu padre de su casa es muy duro, pero había que hacerlo y lo tenía que hacer yo. No había nadie más que lo hiciera. Me marcó mucho eso. Ese es uno de los momentos más cruciales a nivel personal.

Cuando vuelvo, me llama mi madre y me dice que donde estaban viviendo no podían estar más, no podían vivir más allí porque los echaban. Que solo les quedaba la opción de comprar un piso pequeño y que ya no podían estar de alquiler en alquiler porque los echaban de todos los sitios. Mi padre venía borracho, hacia jaleo, mucho ruido, se enfadaba con los vecinos, insultaba. Ya se sabía un poco por la zona, ya se lo conocían y no quería nadie alquilarle. Habían valorado irse a un piso muy pequeño alrededor de los 50 m2 que costaba unos 14000€... ¿Dónde saco yo catorce mil euros con veinte años? No, no podía. Como conocía solo a una persona con la que yo me podía desahogar con ella, que era Alonso, me fui a verlo. Después de estar hablando... llegó una tarde con documentación y me dijo que si me hacía falta dinero para mi familia que él podía pedir un préstamo al banco y yo lo podía ir devolviendo cuando pudiera. Eso era algo inviable. No podía cargar con esa responsabilidad, es que ni si quiera era mi responsabilidad. Yo no lo podía... no podía permitirme eso. Le dije que no, buscaría otra solución, que lo tenía que solucionar yo y que bueno, que me ayudara a buscar otra solución, pero no esa. Como en la fábrica, el mismo empresario tenía un restaurante, le pedí que si podía trabajar más porque necesitaba ese dinero.

– Mira, mi familia está a punto de que la echen a la calle y necesito dinero para que no vivan en la calle.

Y este hombre me dijo que él me podía adelantar algo de dinero siempre y cuando se lo devolviera en poco tiempo, tenía que trabajar mucho. Entonces, estaba en la fábrica trabajando, salía por la tarde, iba al instituto las horas que me tocaban para sacar el graduado y cuando terminaba volvía... me iba al restaurante hasta las dos o las tres de la mañana. Hacía dos trabajos para poder pagar la casa de mis padres. Gané mucho dinero, pero todo ese dinero se fue para la casa... había que hacerlo, tocaba y ya está.

El segundo año sacándome la ESO no iba a ser fácil pero ahí seguí. No podía llegar a las siete porque ese módulo se hacía antes, a las cinco, entonces esas dos horas le pedí al jefe que si me dejaba salir y yo le tenía que recuperar esas horas. Acordamos que las recuperaba el sábado. Yo estuve trabajando en esa fábrica cuatro años, durante el segundo y el tercer año mi jornada era de lunes a sábado, porque nunca llegaba a recuperar todas las horas, entonces tenía que estar trabajando todos los sábados. Lo que normalmente la gente tarda un curso, yo tardé dos. Entonces, empecé con diecinueve y con veintidós terminé la ESO.

Tenía claro que no quería esa vida para mí, para siempre. No quería hacer el mismo trabajo todos los días. Ser una máquina, porque eso no es lo que en la Fundación me dijeron. Me dijeron que, aunque fuera lo que le dirían a todo el mundo, que yo servía para algo más, que yo valía para algo... y a mí me cambió. Yo sabía en ese momento, que aunque yo estuviera en la fábrica, que ese no era mi sitio. Porque el referente que he tenido me ha despertado cosas, tanto educativas como emocionales. Ese educador, Alonso, ese hermano, me hizo ver que yo servía para algo. Yo estaba haciendo ese trabajo, pero sabía que ese no era para mí. Ni tampoco ese trabajo iba a servir para otras personas, como yo quería hacer. Poder utilizar mi experiencia de vida, de lo que me pasó, para ayudar a otros chicos. Quería ser un Alonso en la vida de otros. Y sabía que ese trabajo era un medio de poder ganarme la vida y ayudar a mi familia. Mucha gente le da vergüenza recordar los trabajos en los que ha estado porque le parecen poco cualificados o le parecen precarios o lo que sea, pero a mí me da igual. Todos los trabajos que he tenido, aunque pagaban poco o fueran de una cosa u otra, a mí me han servido para llegar hoy en día a lo que estoy haciendo. Y lo valoro más, que eso es una cosa que no todo el mundo lo soporta. Pero yo sabía que no era definitivo, tenía mis planes. Después de tres años en Montilla, cuando saqué la ESO dije: «¿y ahora qué?». Me quedé un cuarto año más sin estudiar.

De la calle, al patio del colegio

Fueron cuatro año y medio. Ese año y medio me planteaba qué hacer. Estaba trabajando y estudiando, ya no podía ir a Córdoba al Oratorio, me enteré que en Montilla había un colegio Juventino y fui a preguntar si había Oratorio. La muchacha que estaba por la tarde, se llamaba Aria, me dijo:

– No tenemos oratorio. Es que no hay grupos para llevar el Oratorio, no hay voluntarios, porque es una cosa voluntaria que no se paga y la gente no quiere hacerlo.

– ¿Ese es el único problema? – le pregunté. Le expliqué que yo estaba en Córdoba haciéndolo y que ya no puedo hacerlo, que si se podía hacer.

– Es que el problema es que no hay grupo – respondió.

– Vale, no te preocupes, voy a ver...

Y me bajé a unas pistas de futbol que hay en Montilla donde se junta la gente joven a jugar al fútbol por las tardes. Sin conocer a nadie me fui a jugar al fútbol allí. Durante dos meses iba todas las tardes ahí a jugar al fútbol y me hice un grupo de amigos. A los meses de conocernos y reunirnos en el campillo de fútbol les pregunté que por qué no hacemos esto, lo mismo de jugar al fútbol allí abajo, pero en el colegio Juventino que hay unas pistas, y en vez de hacerlo solo nosotros por qué no meter a los niños del barrio. Entonces había un chico que se llamaba Miguel, que tocaba la guitarra. Era antiguo alumno y ya tenían relación con el colegio, pero no se lo habían planteado. No me acuerdo de muchos más porque nos llamábamos por motes: el pino... Aunque a mí me llamaban por mi nombre. Yo estaba empeñado que la gente me tenía que llamar por mi nombre, y si, se quedaron con mi nombre. Y nos fuimos al colegio. Juntamos un grupito de amigos e iban a ver como montábamos el Oratorio.

Realmente como a mí no me conocía nadie y muchos de ellos tenían relación con el colegio Juventino, fueron ellos los que abrieron allí brecha, pero también porque empezó a surgir la idea. Entonces fueron a hablar con Aria y les dijo que sí, que ella también iba a estar en el Oratorio y que nos ayudaba. Juntamos el grupo de monitores y empezaron a venir los niños. Montamos juegos de mesa, campeonatos de fútbol sala, campeonatos de baloncestos... Al salir de las clases los niños sabían que había oratorio por las tardes y se venían. Salía yo de trabajar a las siete y me iba al Oratorio. El Oratorio terminaba a las diez de la noche. Ese año y medio que no tenía yo que estudiar por la tarde iba al Oratorio.

Todo esto me hacía sentirme bien y reforzaba mi idea de ayudar. La sensación era muy buena porque los niños les da igual que tú seas de fuera, los niños que iban al colegio al Oratorio, no se fijaban si tú eras más moreno o te llamas tal, no les importaba eso. Ellos veían que tú eras su monitor, el que le abría el colegio para jugar y ya está. No veían ni lo que has pasado hasta llegar allí... Veían a su monitor, te daban un abrazo, te daban un beso. Todas esas sensaciones... yo decía: «macho, que esto es lo que yo quiero todos los días, gente que cuando te ven, ven allí una persona que quiere ayudarlos, que quiere estar allí con ellos, gente que te saluda, te da un abrazo... sin importarle ni cómo te llamas, ni porque tu nombre es más raro». Además, los chiquillos decían, «tú ¿porque te llamas así? Tu nombre es muy raro...», pero no decían si eras de fuera o nunca me preguntaron eso. Entonces había niños que se aprendieron mi nombre más rápido que el profesor que yo tuve en Córdoba. Pensaba: «si yo le sirvo a la gente, puedo ser... sirvo». Además, salía de trabajar y me iba corriendo para allá. No quería perder el tiempo en estar en otro lado, porque allí estaba bien. Me sentía integrado en un grupo de amigos, luego integrado en un colegio, integrado en el pueblo. Mucha gente... los padres cuando venían a recoger a sus niños, no les importaba que el que estuviera con ellos fuera un chico de fuera. Si no que veían a un chaval que les dedica a sus hijos tres horas de su día y te daban las gracias. Te sentías diferente, te sentías importante. Sentía que servías para una comunidad, para un pueblo, para un país...

Ya mi época de la patera, de la droga, de la casa ocupa, de la violencia... se me olvidó. No hablaba ya de eso, no le daba importancia, porque para mí durante muchos años eso fue lo más importante en mi vida, porque a nivel negativo era lo más importante que me había pasado. Pero a raíz de estar en la Fundación, en el Oratorio, servir a la gente, empezó esa sensación a ganarle terreno a lo otro, es decir, lo más importante es lo que estás pasando ahora, es lo que haces día a día, para qué sirves y cómo lo haces. Y hay que hacerlo de corazón, porque conmigo lo hicieron de corazón. Alonso conmigo lo hizo así y ahí es cuando a mí me caló. Lo hizo de corazón. No porque era su trabajo, por quedar bien, ni por pena, si no hacer algo porque te sale del corazón.

Para pensar y dialogar

- ¿Cómo afectan las expectativas y las percepciones de la familia en el proceso de adaptación y éxito de nuestro protagonista?

- ¿Por qué la búsqueda de educación y formación se convierten en un motor de cambio y superación para Abdel? ¿De qué manera la educación formal y la experiencia práctica contribuyen a la construcción de su proyecto de vida?

- ¿De qué manera Abdel utiliza sus experiencias pasadas para generar un cambio positivo en su vida y en la de otros? ¿Qué papel juega el voluntariado en la transformación personal y sentido de pertenencia en la comunidad?

- ¿Qué te sugiere la frase *"te sentías diferente, te sentías importante. Sentía que servías para una comunidad, para un pueblo, para un país..."*?

- Desde la entrada al centro de protección hasta completar todo el proceso de emancipación, ¿qué factores de protección y/o elementos educativos y sociales han favorecido el proceso de transición a la vida adulta?

Capítulo VIII
Córdoba, vuelta al hogar

CAPÍTULO VIII.
Córdoba, volver al hogar

Y llegó la crisis del 2008. Después de pasar en Montilla cuatro años y algo, llegó la crisis famosa y la fábrica tuvo que despedir a mucha gente, y uno de ellos fui yo. Me despidieron.

Estuve un tiempo viviendo del paro que tenía, del desempleo y trabajando el fin de semana en un bar de camarero. Lo que pasa que se terminó el dinero también del desempleo y ya no tenía más. El dinero que ganaba en el bar el fin de semana no me llegaba para pagar todo lo que tenía que pagar y encima ayudar mandando dinero a mi casa. En aquel momento cuando llevaba un tiempo parado empezó a rondar por mi cabeza la idea de sacarme el bachillerato. Quería seguir estudiando y volví a Córdoba.

Volver a casa

Volví a Córdoba porque no tenía más sitio a donde ir. Volví a la Fundación y pedí otra vez ayuda. Si había alguna manera de que me echaran una mano hasta que yo pudiera encontrar un trabajo que me pudiera mantener porque quería también estudiar. Quería sacarme el bachillerato para poder optar a sacarme un trabajo mejor. Me dijeron que sí, que yo podía alquilar una habitación y un piso con algunos chavales e iba pagando y si algún mes no llego a cubrir los gastos, que la Fundación me iba a ayudar. Entonces, estuvimos viviendo cinco chavales en un piso. Cada uno pagaba su habitación y a lo mejor algún mes que no llegábamos para pagar la luz o no teníamos dinero para la compra de la comida semanal, la Fundación nos apoyaba económicamente esos meses.

Cuando ya me asenté en Córdoba, me matriculé en bachillerato nocturno. Tenía muchas asignaturas y entraba a las cinco y media o seis de la tarde y salía a las once menos cuarto de la noche. Llegó un momento en el piso que yo por lo menos no estaba a gusto del todo porque tenía que compaginar trabajo, estudios y muchas veces tenía ese agobio de pensar «¿me llegará este mes... no me llegará para costearme todo lo que tenía que costearme?».

Pero en la Fundación se estaba creando un proyecto para ese tipo de chavales como nosotros que no tenían suficiente dinero para poder vivir por sí mismos. Son unos pisos de autonomía que no existían, pero el piso que teníamos nosotros era lo más parecido a eso. Hablé con Alonso y le dije: «mira necesito... es que no...». Y me dijo: «no te preocupes que en la Fundación se está intentando hacer un proyecto y hasta que no esté cerrado no te puedo decir nada». Me dijo que no me preocupara y que me centrara en los estudios que al final va a salir y va a haber una solución para ese tema. Como él siempre ha cumplido conmigo, yo confié.

En esos meses atrás, en las visitas que hacía a la Fundación, conocí a Violeta. Cada uno teníamos nuestra pareja en esa época. Pero al quedar más, empezar a hablar más, nos dimos cuenta que teníamos muchas cosas en común. Teníamos nuestra historia por parte de padre que era muy similar. Y empezamos a hablar, cada vez quedábamos más y a raíz de eso surgió la relación. Al principio fue complicada. Porque entrar en una familia, uno que es de fuera, siempre crea un poquito de duda. Hubo unos meses un poco delicados. Una tía suya que no estaba muy de acuerdo con la relación.

Volviendo a los estudios, yo iba por la mañana a trabajar, iba a casa de mi novia a comer, por la tarde volvía a trabajar y a las seis me iba al bachillerato. Pasaron así unos poquitos meses. Desde que volví a Córdoba pasaron cuatro meses hasta que se abrió un piso de autonomía en la Fundación. Entonces, a todos esos chicos que vivíamos en ese piso que íbamos pagando como podíamos y cuando no llegábamos la Fundación ayudaba, nos dieron plaza en el primer piso de autonomía que se abrió. Nos cambiamos los mismos que estábamos allí. Los cinco nos fuimos a ese piso que tenía tres habitaciones. Había una habitación individual y dos que había que compartir. Yo pedí que si era posible, como estaba haciendo bachillerato, que me dieran al menos ese año la habitación individual para poder tener más espacio para estudiar, pero me dijeron que no era posible que había que hacerlo por sorteo que era lo más justo. Se hizo por sorteo y no me tocó, me tocó compartir habitación. Entonces como no podía estudiar en mi casa porque había mucho jaleo, tenía que irme a la biblioteca. Me pasaba la mañana trabajando, irme a comer, ir al instituto y estar en la biblioteca. Salía del piso a las siete de la mañana y volvía a las once y media o doce de la noche, todos los días.

Pase así un tiempo y desde la Fundación me ayudaron a conseguir un trabajo en un taller mecánico de coches. Realmente el hombre del taller no necesitaba a nadie, pero como lo que quería era ayudar, yo cobraba a la semana ciento veinte euros, que ya era más de lo que tenía antes. Saqué el primer año de bachillerato, aunque me quedó lengua que era muy difícil para mí. Me matriculé en segundo con lengua de primero. No tenía tiempo y el segundo año de bachillerato ya se me estaba haciendo muy duro, me costaba compaginarlo. Me iba directamente de trabajar al instituto con la ropa del trabajo. No tenía ni tiempo de llegar a mi casa para cambiarme. Si me llegaba ya no me daba tiempo a estar a la hora de clase. No podía faltar. Si faltaba pues ya el profesor me decía: «mira, no puedes sobrepasar las faltas permitidas». Y bueno, para los exámenes me tiraba muchas, muchas, muchas horas en la biblioteca. Incluso los fines de semana que la biblioteca estaba abierta hasta las tres de la mañana. Salía del instituto y me iba a la biblioteca hasta las tres de la mañana. Y los fines de semana pues los pasaba allí todo el día. Terminé el segundo año de bachillerato y... me quedó lengua, otra vez. Con la de primero. Entonces tuve que hacer una recuperación. Me presenté al examen de recuperación yo solo. No sé... no suspendió nadie más o era el único que se presentó. Y la profesora me dio el examen. Yo vi el examen y yo no sabía responder a las preguntas, pero la profesora pues no sé, lo entendería y me dijo que respondiera lo que sabía. La verdad que alguna pregunta me sonaba y si valoraba también el curso entero como me había ido con los demás profesores y estimaba que yo tenía que aprobar pues bien y sino pues tenía que suspender. Y yo ahí pensé que ya era mi límite porque me estaba quedando siempre la misma y por mucho que yo estudiara, no aprobaba. Bueno, cuando lo vieron con todos los profesores pues vi que estaba aprobado. Segundo bachillerato.

Y digo: «ya está, este es mi límite». Ya decía que esto era lo que yo quería, que era lo máximo. Si lengua me había costado, a lo mejor, solo tenía que llegar hasta aquí.

Pero mi novia me decía: «¿por qué no te presentas a selectividad? Que si ya has aprobado los dos cursos. Que después de todo lo que has pasado puedas aprobar y luego optar a otras cosas. Sigue estudiando». Para mí no era posible, le respondía: «no voy a aprobar eso, que no, que no lo veo». Y ella me decía: «preséntate, que tampoco pierdes nada».

Me presenté e hice los exámenes. Para mí que me salieron muy bien, a mi juicio; pero cuando salieron las notas. Creo que fue la peor nota de Andalucía. Saqué un uno con seis o algo así en selectividad. Y ya lo iba a dejar, por mucho que yo mejorara, yo no iba a mejorar esa nota, era muy difícil. Pero ella fue la que me dijo que lo tenía que aprobar. Que no se podía quedar ahí. No podía abandonar el colegio o el instituto con esa última nota. Que lo intentara y que si sacaba aprobado bien, pero al menos para mejorar eso. Entonces, yo estaba preocupado, con ansiedad... necesitaba trabajar para mandarle dinero a mi madre. Aunque mis necesidades estaban cubiertas por el piso, pero a mi madre había que mandarle dinero para mi casa y mis hermanas pequeñas. Entonces mi novia de su sueldo me daba doscientos euros todos los meses para mandar a mi casa. Me dijo que no me preocupara por eso, que solo me centrara en estudiar, que ella iba a poner el dinero para mi madre y que yo me centraba en eso. O sea, había ahí otra persona que estaba apostando por mí. Además, estaba apostando con su esfuerzo, porque me ayudaba con su dinero, conociéndonos de hace poco. Ella no había estado todavía en mi casa, no había visto lo... solo sabía de mi familia lo que yo le conté, que podía ser verdad o podía ser mentira. Y me pasé los tres meses del verano hasta septiembre preparando los otros exámenes de selectividad.

Estudiando todos los días, en la biblioteca desde las ocho de la mañana hasta las nueve de la noche que cerraba. Violeta me traía la comida al medio día en un tupper, comía allí y me quedaba por la tarde. Tres meses. Y el último... el último mes me salió un trabajo y yo no podía decir que no, porque tampoco quería que ella siguiera pagando ese dinero que no le correspondía. Que al fin y al cabo era mi familia, no la suya. Era mi responsabilidad. Entonces, salía de trabajar, trabajaba en un bar de diez a cinco la tarde y comía. A las cinco y media estaba en la biblioteca hasta que cerraba a las dos de la mañana en Córdoba, allí en la casa la juventud. Así un mes.

De chillar en la calle, a la universidad

Y llegó el examen de selectividad, me presenté y lo hice. Y digo: «ya está hecho». Tampoco tenía mucha fe en aprobar porque a mi entender lo había hecho igual que la otra vez. La otra vez también creía que estaba bien y suspendí. Para ver la nota me fui a las doce la noche a casa mi novia y recuerdo que había que meter un código. Lo metí una vez. Me equivoqué. Lo volví a meter, me equivoqué. Entonces, me dijo Violeta, que ella lo metía. Se metió. Yo necesitaba con la nota que traía de media de bachillerato sacar un cuatro cincuenta y seis. Y saqué un cuatro cincuenta y seis. Justo lo que necesitaba para aprobar. Entonces bajé de su casa, porque su madre estaba durmiendo y no quería estar allí pegando voces. Bajé a la calle y me lie a pegar voces en mitad de la calle a las doce de la noche en el barrio. Bajó Violeta, que había llamado a mi madre con su teléfono y me lo pasó y ya hablé con ella y le conté que había aprobado un examen importante.

Y ahí empezaron un poco mis dudas sobre que seguir haciendo. Se abría una decisión muy importante, pues yo realmente quería seguir estudiando y lo que viene después es un ciclo superior o una carrera universitaria. No sabía qué hacer. Y el tema de la carrera me echaba para atrás por el tema económico. Pero la Fundación presentó un proyecto a IMASA, la empresa de agua en Córdoba, que tenía un fondo social, donde los trabajadores todos los años se lo dedicaban a una causa social. Me lo dieron a mí y a otro chico marroquí que estaba con su familia aquí para estudiar. Me dieron una beca de tres mil euros para los dos primeros cursos porque yo estudié a distancia. Me matriculé en la UNED.

Entonces, ya no tenía supuestamente problemas de dinero, pero yo no tenía todavía tomada una decisión de que querer estudiar, no sabía qué hacer, porque había pasado muchas miserias y ese era el momento de decir: «¿Qué elijo? ¿Lo que me pide el cuerpo o lo que me va a dar más beneficio?». No sabía que elegir.

Lo que hice, fue irme a la Fundación y estuve un día sentado al lado de la mesa de Alonso en el despacho. Pase una mañana allí sentado, viendo los chavales que entraban. Escuchando cuáles son sus necesidades, sus dudas, los problemas que tenían... Viendo cómo se les trata allí, lo que piden ellos. Y de allí es de donde salí con la decisión.

Había muchos chicos que entraban allí pidiendo una respuesta a sus problemas, que habían vivido lo mismo que yo pasé. Pidiendo alguna respuesta que aliviara. Alguien que lo entendiera, alguien que se pusiera en su sitio. Y allí es donde yo decidí intentar ser educador social. Y de alguna manera ir devolviendo tanto... primero a la Fundación y luego a los chicos que pasan por ahí. Demostrarle a mi tío, al hombre este que me encerró en Madrid, que por mucho que ellos querían que me fuera mal, de alguna manera u otra, la vida me ha ido poniendo gente en mi camino como Alonso, la Fundación, como mi novia... para que yo pudiera estar en la vida de otros chicos. Y ahí salí con la idea muy clara de ser educador social porque no le di demasiada importancia a los beneficios económicos que me podría dar mis siguientes estudios. Yo tenía claro que quería hacer una carrera, pero no quería una carrera que me diera dinero, porque al final me acostumbré en mi vida a vivir con poco. No necesito mucho dinero para vivir tranquilo. Pero si necesitaba algo que me hiciera sentir bien, que cuando fuera a la cama dijera: «mi día hoy, mi esfuerzo ha servido para que alguien estuviera esta noche un poquito mejor». Después de pasar una mañana allí con Alonso y ver esos chicos, no quería hacer otra cosa. Porque eran yo allí hace muchos años.

Durante la carrera ya no estaba viviendo en el piso de la Fundación. Cuando aprobé selectividad y estaba todavía en el taller mecánico, ganaba cuatrocientos ochenta al mes, tenía un dinero y me daba para alquilarme una habitación. Yo veía chicos en la calle, y como la Fundación solo tenía un piso, a lo mejor mi plaza le servía a alguien que no tenía ni siquiera esos cuatrocientos ochenta euros. Y decidí salir del piso. Hablé con el educador que estaba allí y le dije: «Mira que yo con este dinero puedo pagarme algo y en mi sitio entra otra persona que no tiene nada».

Empecé a convivir con Violeta, nos alquilamos un piso los dos y lo pagábamos con el dinero que yo ganaba y lo que ella trabajaba. Ella estaba contratada en la Fundación a media jornada, entre los dos ganábamos mil y algo y con eso pues teníamos que vivir dos personas y ayudar a mí casa. Luego, terminé de trabajar en el taller y con mi primer año de carrera pues estaba en esta empresa de recogida de basura en la calle, de papeles y de cartón para el tema del reciclaje.

En el primer año de carrera me matriculé de ocho asignaturas, en el primer cuatrimestre aprobé dos, porque estaba compaginando el nuevo trabajo de recogida de residuos en la calle con los estudios. Siempre mi problema era el tiempo. Para poder llegar a tener unos ingresos mínimos que me permitieran vivir a mí y a mi familia, tenía que conseguir un dinero.

El primer cuatrimestre aprobé dos asignaturas: psicología del desarrollo y derechos humanos. ¡Qué casualidad! Fueron las asignaturas que mejor se me daban, se me quedó. Entonces, siguiente cuatrimestre tenía cuatro, más dos para septiembre…eran seis. Y yo decía: «no llego». Tenía que seguir trabajando, no podía dejar el trabajo. En el segundo cuatrimestre de las seis aprobé tres y llevé otras tres suspensas. Ya me costaba más dinero matricularme. El dinero que me dieron con el proyecto me dio solo para ese curso, porque ahora me tenía que matricular de trece asignaturas. No tenía tiempo, estudiaba por las noches y dormía muy poco. Eso derivó unos meses de mucha depresión, mucha ansiedad… no dormía bien. No comía bien.

Durante mucho tiempo, siempre buscaba el consejo en Alonso o en la Fundación. Cada vez que tenía duda en algo me iba a la Fundación o buscaba siempre la aprobación de Alonso o el consejo. Pero cuando empecé el segundo año de carrera de educador social es cuando… ahí es cuando empecé a ser consciente realmente de que tenía que hacerlo yo solo, es decir, si quiero algún día dedicarme a ayudar a los demás, tengo que aprender a hacerlo yo solo. Y tengo que hacerlo ya, ahora. Porque no podía ayudar a nadie dentro de cuatro o cinco años cuando terminara de hacer la carrera si no soy capaz de tomar decisiones sin depender de la Fundación, de Alonso o Violeta. Y ahí empecé a tomar decisiones.

Llamé a mi padre y le dije lo que pensaba de él realmente, lo que me hizo, lo que no hizo, lo que no me preguntó en esa llamada que le hice cuando era un niño y estaba tan mal. Llamé a mi madre, le dije que por qué cuando mi padre le dio el dinero de nuestra casa no se lo quedó. En ese momento ella eligió mal, que si ella hubiera elegido bien yo no estaría aquí en esta situación y no hubiera pasado por la situación que pasé. Esas cosas yo las tenía que hacer porque era como lo más duro que tenía que hacer en mi vida, poder decirles a tus padres lo que piensas de ellos sin perder el amor por ellos. Yo no me sentía capaz antes, pero si tenía que empezar a tomar decisiones en mi vida y ser yo el que maneja la situación y no la situación que me maneja a mí. Ese era el momento. Llamé a mi hermana y le dije que yo no quería ser partícipe de las decisiones que sean relevante a su vida. Que yo la voy a apoyar en sus decisiones buenas y cuando le salga mal, pero que a mí no me vuelva a preguntar si puede hacer una cosa o no. Yo no quería ser responsable de eso.

Son llamadas que suceden en una semana, lo tenía que hacer, porque mi primer año de carrera yo lo pasé muy mal. Era necesario. Era un momento también duro porque ahí le dije a mi madre que si un mes yo no le mandaba dinero era porque no tenía. Que yo no le iba a pedir el dinero a nadie más. Que si mando bien y sino mando es porque no tengo porque estoy estudiando. Me estoy formando porque quiero ser algo el día de mañana y no quiero llevar la responsabilidad de errores que mi madre y mi padre cometieron, y se lo dije.

Durante mucho tiempo mi padre y mi madre me hicieron responsable de una familia que era suya. Que yo era su hijo, no soy su padre. Eso es lo que le dije.

– Yo no soy vuestro padre, yo soy tu hijo y si la familia va mal es porque tú y mi padre habéis tomado decisiones malas y ya era hora de que ustedes seáis los responsables de vuestros actos.

Y hubo meses en que yo no pude mandar dinero. Y no lo mandé. No me sentía mal. De algún modo yo les tenía que hacer ver a ellos que no me podían responsabilizar a mí de eso. Y tomé ahí, en ese momento, es cuando estaba tomando las riendas yo, es decir, yo había venido a España para ayudar a mi familia pero nunca había leído la situación de mi familia de esa manera. Lo leí ahí, cuando por fin yo tenía capacidad de estudiar para ayudar a otras personas, es decir, ¿y qué han hecho por mí?, ¿qué han hecho por mí las personas que más me pueden querer en este mundo? Realmente lo pienso y, es duro, es muy duro, pero lo único que han hecho por mí es darme la vida. Si tuviéramos que poner en una balanza, quitando ese factor, lo que yo he hecho por ellos y lo que han hecho por mí, quizás saldrían perdiendo. Yo nunca le dije a mi padre que era un alcohólico porque a mí me habían inculcado que no se le puede decir a tu padre sus errores, sus cosas malas porque eso estaba mal... Pero el ver lo que yo pasé aquí y el decidir hacer una carrera habiendo llegado allí por mis méritos sin que nadie me diera nada... Como que me sentí en lo más alto, pudiendo decir lo que quiera a quien yo quiera, lo que yo pensaba. Y si tenía que ser a mi padre, decírselo igualmente y si es a mi madre, también. Y al decirlo sentí tanto alivio, sentí tanto alivio... porque ellos en parte sabían que era así y creo que esperaban ese momento. Sabían que iba a suceder eso. Sentí tanto alivio que me empoderé más sobre mí, sobre la situación y sobre mí. Yo tenía el control, sabía lo que había que hacer en cada momento, cómo lo tenía que hacer y con sinceridad a mi familia. Porque lo de mi familia fue la causa que me hizo llegar a España pero también fue la causa que me hizo llegar donde estoy hoy en día. Y tenían que entender que conmigo lo hicieron mal.

Con todo esto hablado fui a por el segundo año de carrera. En el trabajo donde estaba, les pedí un adelanto para pagarme la matrícula. Me dijeron que sí y me dieron mil doscientos euros para poder pagarme la matrícula. Me lo iban a ir quitando del sueldo todos los meses, poquito a poco. Estaba en segundo, pero ahora si tenía que seguir trabajando sí o sí. No podía dejarlo porque tenía que devolver el dinero que me habían dado. Llevaba tres asignaturas del año anterior, más diez de segundo...

Hubo un momento que estuve a punto de dejarlo porque veía que no llegaba, que yo seguía suspendiendo, pero no sé por qué seguía estudiando. Seguía estudiando y seguía suspendiendo. Pero cada vez que me entraba un poco el bajón, me iba a la Fundación. Entraba, veía las actividades que había allí con los chicos, veía como Alonso trabajaba con ellos. Como que me recargaba un poco las pilas y me daban más ganas de seguir estudiando. Hablando allí con los educadores, con los chicos, cuando te pedían orientación o consejo, pues yo decía: «estos chicos realmente necesitan alguna figura como la mía... yo les entiendo y al menos les escucho y conozco la realidad que me están contando». Ese año que tenía trece asignaturas, aprobé nueve. Y pensé: «vale, voy mejorando. He aprobado más que el año anterior». Me quedaban cuatro.

Y otra vez tuve que pedir dinero a la empresa donde trabajaba porque no tenía beca. Porque al suspender volvía a no poder pedir beca, tienes que aprobar todo. Pedí dinero a la empresa, me lo volvieron a dar y me matriculé en catorce asignaturas y esta vez sí dije que las tenía que aprobar. Porque veía que era capaz, que yo valía para eso. Que si he sido capaz de pasar de cuatro a nueve, yo podía aprobar las catorce. Eso sí, no las aprobé en junio todas, conté con septiembre. A todo esto, también, me motivó el hablar con una persona de la Fundación que me dijo que estaban pesando en contar conmigo para trabajar allí. En el sitio que yo empecé hace catorce años. Entonces, mi sueño estaba allí a un paso. Solo hacía falta un último esfuerzo. Esta persona me sentó y me dijo: «Mira que creemos que puedes llegar a ser un buen educador social. Que puedes llegar a servir para esto. Te tienes que esforzar un poquito más».

Mi primera experiencia profesional

Cuando ya aprobé las catorce asignaturas, a los varios meses, en septiembre, la situación de la Fundación cambió y a mí me llamaron de otro sitio para trabajar. De un centro de menores con chicos con tema de drogas. Y ya tenía el contrato casi para firmar, para empezar. Pero volví a la Fundación y hablé con la persona que estaba, que tenía mucho vínculo allí con ella y le dije: «mira, me está pasando esto. Me han ofrecido trabajo en otro lado, pero con el vínculo que tengo en la Fundación, yo quiero estar aquí y me da igual que sea a dos horas, a tres o lo que fuera. Yo quiero estar aquí». Entonces solo había unas horas para empezar, que eran ocho horas sueltas en un proyecto. Y le dije que sí. Dejé un contrato a jornada completa y me fui a otro de ocho horas porque era lo que necesitaba. Era por lo que yo estaba luchando y porque de esta manera iba a estar ocho horas con esos chicos que pasaron lo mismo que yo. Y me valían más que las cuarenta con otros. Aunque no me llegaba para vivir y tenía que seguir trabajando de camarero, de cocinero, hacía de todo. Pero esas ocho horas eran las que yo estaba esperando, hace catorce años. Estuve un tiempo ocho horas y meses después me subieron las horas. Al cabo de un año pasé a jornada completa.

Recordaba ese momento que me motivó a estudiar claramente educación social. Aquella mañana entera que estuve en la Fundación, que entraban… y veía las caras de los chicos y chicas que llegaban. Una situación que se repite y me veía a mí hace muchos años, pensaba que me hubiera gustado tener a alguien que hubiera pasado algo similar a lo mío y que me diga: «Oye, eh… te apoyo y si tú te esfuerzas y trabajas, tu vida va a cambiar». O ni si quiera eso… Simplemente, verme o mirarte a los ojos y a la cara. No tienes que dar explicaciones. No necesitas que un chico te esté explicando su vida para tú poder entender la angustia o poder entender su situación. No necesito que un chico me esté justificando por qué está ahí en ese despacho. No quiero saberlo, no quiero hacerlo revivir eso. No necesito que me diga: «he venido en patera, he venido en camión… por favor, ayúdame», no quiero. Yo veía allí las caras de los chicos que tenían la necesidad de estar justificando o explicando su proceso para que se le pudiera ayudar. Y yo decía, si estos chicos tuvieran a alguien que viera en ellos cosas sin necesidad de que se lo estén explicando, sin que lo tuvieran que revivir en ese momento, a lo mejor más adelante, pero en ese momento no hacía falta. Es que eso es como utilizar tu sufrimiento para conseguir algo. Había que facilitar que no tuvieras que vender tus miserias, tus desgracias, lo que te había pasado, vender tu proceso, exponerlo a cambio de algo. No hace falta. Y yo quería estar en ese momento. El momento de decirle a alguien «... no, no hace falta. Luego. Ahora mismo otra cosa. Ahora vamos a sentarnos y vemos qué podemos hacer por ti. Y ya, más adelante, cuando te sientas a gusto, cuando me conozcas...». Es muy difícil contarle tu vida a alguien si no lo conoces, abrirle el corazón y contarle a alguien lo que te ha pasado, simplemente, para que haya ese primer contacto. Eso es como cortarte un brazo. Yo quiero ver a la persona y decirle: «vale, no pasa nada».

Y eso fue lo que me motivó a llegar a este momento, es decir, esta gente necesita a alguien que le diga eso. «Tranquilo, no pasa nada, luego hablamos de esto. Ahora vamos a ver qué podemos hacer para quitarte ese sufrimiento...». Y te vienen chicos muy, muy, muy, muy, mal. A lo mejor hay algún caso que no es tanto, pero vienen personas muy destrozadas. Y si no se sabe gestionar eso, si no se sabe leer a una persona... Porque los libros, se leen y se aprenden y te los memorizas y apruebas un examen. Pero saber leer a una persona, saber ver algo en una persona sin que te lo diga, eso solo lo sabe quién lo ha pasado. La otra persona se lo puede imaginar, pero saberlo, solo quien lo ha pasado. Y yo lo pasé.

Lo que soy hoy: el presente

Y llegado a este punto, pienso que no sé si el recorrido ha sido fácil o no, pero con total sinceridad, creo que ahora mismo es cuando peor lo estoy pasando, ni siquiera cuando llegué.

Ahora mismo que estoy bien y estoy trabajando, es mi peor época a nivel personal y profesional. No personal en mi vida, sino en este mundo de lo social, porque estoy al otro lado de la barrera y veo que no puedo hacer lo que a mí me gustaría hacer. Uno no puede hacer todo lo que cree porque hay barreras que nos impiden hacerlo. Siento que a veces con algún caso en concreto, me siento cómplice de que algún chico no le vaya bien o que algún chico no le salgan las cosas porque como la ley... La situación como está hecha. Yo llevo luchando muchos años desde que salí de mi casa y el recorrido que hemos hecho no es corto, pero me siento inacabado porque no es lo que yo quería. Yo no quería estar sentado en una mesa y que llegue un chico y decirle simplemente: «vale, te entiendo». Si no, quería estar en un sitio en el que poder dar soluciones y no la estoy dando a todos los casos que me gustaría. Entonces, es como hacer lo mismo que hizo conmigo la persona que me encerró en Madrid, mi tío, que me dejó tirado... Y muchos días llegas a tu casa y estás llorando porque dices: «no lo estoy haciendo bien», sé que le estoy engañando a esa persona o a mí mismo. Sí, y si has vivido la situación en persona y la estás reviviendo con un chico, mucho peor. Y en mi caso me está pasando eso, que no consigo salir de ahí.

Es verdad que sí, que aportas mucho, pero a lo mejor hay algún caso que se podría hacer un poquito más pero no tengo las herramientas suficientes. De ahí mi idea de seguir avanzando en esto, no sé qué es lo siguiente que podría estudiar o qué es lo siguiente que podría hacer, pero le estoy dando vueltas. Para que llegue el día en el que no tenga esas limitaciones, en el que realmente pueda solucionar una vida, como a mí me la solucionaron.

Todo el mundo o casi todo el mundo se juega la vida para poder llegar a países un poquito mejor que los suyos, más avanzados. Y no vienen con la idea de ser ricos o de ganar mucho dinero. La idea que nos trae aquí es la imagen que hay de la gente de sus países, de las personas. Muchos de ellos vienen buscando buenas personas. Buscando... sabiendo que las personas de esos países son buenas y los van a ayudar. Simplemente... sin ver su color de piel o su religión, porque sea lo que más llama la atención. Las personas de los países pobres no piensan, no tienen una imagen preconcebida de las personas de los países avanzados. No piensan o al menos yo, como yo lo pensaba. No piensan el europeo blanco, cristiano... No hay esa imagen preconcebida como el que hay del moro, del negro o del sudaca. No hay. No existe. La imagen que hay es de que son buena gente, son buenas personas... por eso Dios les ha dado mejores países, porque Dios es justo. En esos países siempre, la fe es más importante. Entonces, Dios les ha dado a esas personas mejores países, mejores recursos, mejores oportunidades. Tienen que ser buenas personas. Como lo que piensan es que su forma natural es ser bueno y no es lo que encuentran, no hay peor cosa que tener una imagen preconcebida de alguien. Pero aquí sí, si pasa eso, pero a la inversa no. De los países pobres si hay una imagen preconcebida. En cambio, de los países ricos lo único que hay es la creencia de que son personas buenas de manera natural. Pero no es la realidad. No los reciben con esa intención. Por suerte no son la mayoría, no son todos, pero la verdad que encuentras rechazo y dificultades en tu día a día. En las mismas noticas que puede haber en la tele, te enseñan una patera que mueren ochenta personas. No pasa nada, nadie hace nada, da igual. O los inmigrantes en la calle durmiendo. Son personas. Y no pasa nada. Eso se pasa, se pasa a otra noticia y fuera. Esto es lo que encuentran las personas que vienen, y la mayoría de ellos vienen con la imagen preconcebida de encontrar a esas buenas personas de manera natural porque Dios les ha dado mejores oportunidades ya que los consideran mejores.

A algún niño que haya venido a España no soy quién para decir nada a nadie, pero si ya están en estas... Que aguanten. Que no pierdan la esperanza... que ningún viaje es igual, ninguna persona, ni ningún proceso es igual. Sin embargo, si fuera un familiar mío el que va a iniciar un viaje de estos, le diría que no. Porque no sabe cómo te va a dejar. Es como que entras en una tormenta y no sabes si sales o no sales. Pero al que la inicia le diría que aguante, que no pierda la esperanza y que casi siempre encuentras a alguien que ve cosas en ti que nadie lo ve y generalmente suelen ser cosas buenas. Aunque encuentres a muchas personas que no te ven, que tú para ellos eres invisible, siempre hay alguien que te ve, que te acaba viendo y hay que aguantar hasta que te encuentras con esas personas, porque es la manera que tienes de seguir. O yo que soy un poquito más religioso, para mi es la manera que tiene

Dios también de ayudar en los momentos más complicados, ponerte alguien en el camino que te eche una mano.

Lo que soy hoy se lo debo en parte al conjunto de las casualidades del día que yo pisé España. El primer día que yo pisé Europa y ese suelo de cristal, que decía mi madre, se rompió de alguna manera debajo de mis pies, a raíz de cuando mi tío me dejó tirado... desde ese momento todo lo que me ha ido sucediendo, lo bueno, lo malo, que es una cosa que la tengo ya superada... todo ha ido construyendo lo que soy hoy en día. Con mis aciertos y mis errores, pero todo, yo no quitaría ni un día, porque de todas las épocas aprendí algo. Y de todo lo que aprendí me sirve hoy en día. Lo que me pasó es lo que me hace ser como soy hoy y me hace pensar lo que pienso y me hace ser de esta manera, que yo puedo decir lo que siento, cómo lo siento, contar lo que me ha pasado sin miedo porque eso me alivia. Es mi terapia. Y de alguna manera es devolverle a la sociedad lo que te da. Si yo cojo el conjunto de las cosas... a mí la sociedad me ha ayudado mucho. Me ha ayudado a ser como soy hoy. Encontrarme con la gente que me he encontrado en la vida. Si no hubiera pasado por lo que he pasado no iba a encontrar a todas esas personas que me han ayudado a ser hoy en día lo que soy. Entonces, de alguna manera yo tenía que devolverle eso. Un mundo, que desde mis primeros diez años aquí, estaba empeñado en machacarme. La vida me ha puesto barreras muy duras y yo pensaba que no iba a salir, pero las he ido superando. De alguna manera eso había que devolverlo.

También pienso que alguien ha puesto a esas personas en ese momento, justo en ese momento. Y lo que pienso al hacer un repaso de mi vida pasando esas escenas por mi cabeza..., lo que me viene es que, si no hubiera pasado ni una cosa de esas, a lo mejor yo no estaría aquí. Porque han ido sucediendo de manera que cuanto más, cuanto peor lo tenía y me encontraba en momentos muy críticos, aparecía una de esas personas. Ves el recorrido y eran en momentos muy duros, momentos en que yo decía: «Dios mío, no hay ni una esperanza...». Pero llegaba Dios y te daba esa esperanza. Eso es lo que me viene ahora mismo a la cabeza...

¿Qué hubiera pasado si una de esas personas o uno de esos momentos no hubiesen existido? Quizás no soy lo que soy hoy en día. Y no hablo a nivel profesional, sino a nivel personal. Yo lo que hago en mi vida profesional, lo hago porque lo he elegido. Lo he elegido a causa de todo lo que me ha ido pasando, pero como soy hoy como persona, se lo debo a ese recorrido. Es lo que me ha hecho ser como soy. No los estudios, ni ser educador, ni estar en la vida de los chicos. Ser como soy hoy en día y pensar de esta manera. Incluso no tengo rencor a mis tíos, ni a mis padres que durante un tiempo lo tuve, pero me cegaba. No me hacía ver, ni me hacía ayudar. Limitaba mi capacidad de ayudar a la gente ese odio. No podía decirle a un chico: «puedes superar esto»; si yo no soy capaz de superar yo mismo lo que me había pasado.

Ahora soy más sensible a las situaciones personales. Durante un tiempo me hice duro. Ahora no, porque no puedo engañarme a mí mismo. No puedo pretender ser de una manera y es verdad que durante un tiempo lo hice para protegerme. Ahora mismo quizás a nivel personal, emocional y psicológico, soy el mismo chico que salió de Marruecos en un coche camino para España, sin saber todavía lo que le espera de eso. Soy sincero, sensible, quizás he ganado saber elegir los momentos en mi vida para tomar decisiones. Antes dejaba que la vida me fuera llevando. Pero soy, creo que soy igual que el chico que se montó en ese coche, sin saber todavía todo lo que le viene. Yo ya en Marruecos recuerdo pensar en cómo ayudar a mis hermanas. Ahí, ya ahí estaba ayudando a otras personas, aunque fueran mis hermanas. Si, he vuelto a ser esa persona. El proceso me dio la capacidad de saber elegir y momentos para aprender a decidir, pero soy esa persona que salió...

Para pensar y dialogar

- El mismo Abdel se cuestiona tras todo este camino "¿qué hubiera pasado si una de esas personas o uno de esos momentos no hubiesen existido?". A nivel socioeducativo, ¿qué elementos (personales y relacionales) han sido claves para construir procesos educativos resilientes?

- ¿Qué ha supuesto para Abdel poder luchar por sus sueños? ¿Crees que tener oportunidades para soñar y alcanzar metas ha favorecido su proceso resiliente?

- A nivel profesional, ¿Qué puede suponer esta expresión *"uno no puede hacer todo lo que cree porque hay barreras que nos impiden hacerlo"*?

- ¿Qué implica a nivel de políticas sociales favorecer los procesos educativos resilientes e inclusivos de la población juvenil migrante?